HAYMON verlag

Raoul Eisele

# Als Versprechen dieser Zeit

*Für all die Abschiede, die wir nie hatten*

# VERSUCH IM NACHEMPFINDEN

*wenn Du vor mir stehst und mich ansiehst,*
*was weißt Du von den Schmerzen, die in mir sind,*
*und was weiß ich von den Deinen*
Franz Kafka an Oskar Pollak

dies ist keine Biografie, kein Roman und auch kein Gedicht. es ist vielmehr eine Art des *Über*setzens, das sich im Nachdenken verortet* und sich hinbewegt zu einer Annäherung oder einer Auseinandersetzung mit dem Wunsch, Einsamkeit als Grundproblem der menschlichen Existenz zu verringern – wo könnte man ansetzen, wo könnte es einen Beginn geben, der im Sturm, in der Dringlichkeit oder Direktheit, sogar im Knall den Einstieg finden kann; wo könnten sich zwei Wesen in all ihrer einzigartigen Ausprägung, ihrer anatomischen Verschränkung oder aber auch in ihrer Trennung begegnen?

* hier entsteht ein erstes Fundament, ein Wesen, das versucht im aufrechten Stand seinen Blick auf sein Gegenüber zu richten, es zu sehen, wirklich wahrzunehmen – hier steht eine EINFÜHRUNG.

ein *Innen*hof:

ein erster Schritt hinein in etwas, wo alles wachsen kann, gedeihen würde oder aber *nichts* entsteht: kein Gras, kein Blatt, vielleicht aber doch vereinzelt eine Knospe, ein Halm, an dem man sich festhalten kann; ein Ort, an dem man aneinander gerät oder übereinander herfällt – liebevoll, animalisch oder voller Wut (die doch so häufig in uns steckt); wo findet die Berührung statt und wie kann man sich verstehen, begreifen, nachempfinden, was das Gegenüber fühlt? und wieso kommt man immer erst an den Punkt der Bewusstwerdung, wenn die Gegenwart längst vorüber ist?

unser Aufeinandertreffen: eine Sprache; ein Sprechen: immer auch als Verleugnung, Verneinung, Verschweigen, es bleibt Verdrängung und Vergessen* und im *Ver*sprechen in den Verlust des Gedächtnisses der Erinnerung eingewoben

* *Der Liebende, der nicht […] vergisst, stirbt an Maßlosigkeit, Ermattung und Gedächtnisüberreizung* – Roland Barthes: Fragmente einer Sprache der Liebe.

doch was gehört zu deiner und
was gehört zu meiner Lebensrealität?

# PROLOG

nicht eine Schramme, kein Riss oder Schorf, nicht der Rede wert,
    nur ein Fleck als
Einwand, eine Blessur, ein violetter Umriss haltlos auf Haut,
    ein scheinbar unsichtbarer, dennoch juckender Schmerz oder
    vielleicht auch ein Tick

die Großmutter am Fenster, die Mutter beim Wischen des Bodens
die Tante räumend im Zimmer, neben dem Sofa ein Bild der Tochter
einige auf der Kommode, vielleicht noch an der Wand oder
    im Bücherregal eine Vase, ein letztes Dekor oder besser: Relikt

I don't believe
I don't believe in men, lost my trust in changing the narrative*,
    but I trust
in women, in the power, the strength of consistent
work for good, for all, that no one will or wants to see

** Mythos & Utopie: der Ursprung war, die Zukunft wird den Objekten zu eigen sein, die Weibliches in sich bergen.* – Roland Barthes: Fragmente einer Sprache der Liebe.

ein Haus bewohnt von Frauen, ein Haus, in dem die Männer
ein- und ausgehen, sie sind hier nicht zuhause –
oder sagen wir besser, wollen hier nicht sein, sind Besucher;
jedenfalls in diesem Rahmen und die Tochter, die Tochter habe man
    schon lange nicht mehr gesehen
habe sie immer wieder versucht zu behüten vor dem da draußen,
    diesem, wie nenne man es
nochmal ...

        haltende Hände

als Kind habe sich die Tochter immer in der Umarmung der
Großmutter verloren
habe selbst der Urgroßmutter unter die Arme gegriffen, wollte schon
als Kind unterstützend sein oder
manchmal auch einfach auf Mamas Bett
springen, hüpfen, tollen, ein Spiel wie Lava, wie Minen
am Boden verteilt oder Himmel und Hölle
mit dem linken Bein voran, dem rechten angewinkelt, dazwischen
beidbeiniger Stand: ein kurzes Rasten

in their perspective lies the change, die Chance zur Erneuerung,
die Verwunderung über den Zustand
der scheinbar immer weitergegebenen Resistenz – I don't believe
in myself, I don't believe
but I hope, I still hope for good

die Tochter habe immer gesagt, es sei alles gut, habe manchmal
gezittert oder sei zurückgeschreckt, wollte man sie berühren
nicht eine Schramme, nicht mal Schorf auf der Haut erkennbar,
alles gut versteckt und wenn,
sei man selbst daran schuld gewesen, habe nicht aufgepasst,
man kenne ihre Tollpatschigkeit doch
*a little bit clumsy, you know,* schon als Kind sei sie ja manchmal
aus dem Bett gefallen oder habe wacklige,
weiche Knie gehabt: erinnert euch doch bitte an die
Wachstumsphase, in der mir öfter schlecht
oder schwarz vor Augen war, ich einfach umgeknickt bin vor lauter
Blut in den Beinen, das Herz in die Hose gerutscht
oder der Umstand sich anfühlte wie Kreislaufschwäche.

mining the past always affects the present oder versuchen wir es mit:
Vergangenheit, die über die Gegenwart regiert; oder wiederum anders:
*der Mensch kämpft für seine Knechtschaft, als wäre es für sein Heil* (BDS)

spindeldürr, so habe man sie zuletzt gesehen, sie schien am
Verhungern oder zumindest kränklich
keinen Bissen bekam sie runter, obwohl die Großmutter, die Mutter,
die Tante immer wieder
Essen auf den Tisch, fast schon zum Mund führten:
du musst was essen, Kind,
wenigstens ein paar Bissen, sonst fällst du noch vom Fleisch,
das könne man nicht mitansehen, nicht verantworten oder
gar den Umstand akzeptieren, dass da immer wieder
Ausreden

ein Bissen, ein Löffel oder eine Gabel für ...; da kommt das Flugzeug
und bittet um Landeerlaubnis
als einem die Beine noch über dem Boden baumelten, damals
als man im Sessel vor der Mutter saß
mit der verschiebbaren Tischplatte aus Plastik oder dem Lätzchen
um den Hals, ein Flugzeug, ein Vöglein, ein Spatz
du isst ja wie ein Spatz, das tue ihr nicht gut, das sei ungesund
selbst wenn das Verhalten nachvollziehbar war, weil da diese
Konvention, Konfektion oder eben
ein erstrebenswertes Vorbild
eines Kindes, das nachzueifern versucht

wenn ich einmal groß bin
wenn ich einmal groß geworden bin, werde ich ...

an das Ende dieses Satzes erinnere sie sich nicht mehr, seit sie
aufgehört habe zu essen, in dieser ständigen Angst, in diesen
sich immer wiederholenden Momenten: mit dem Griff
in die Tasche, zum Schlüssel oder zum Anhänger mit dem Alarm
ein bisschen noch, einen Bissen wenigstens, einen Spalt,
ein kurzes Öffnen
der Lippen: wenn du nicht aufmachst, muss ich es dir einflößen!
muss dir die Mundwinkel, muss dir den Mund aufdrücken,
dir das Essen hineinstopfen!

*Schluss jetzt!*

Schluss jetzt mit den Spielereien, komm, es ist spät, du musst zu
Bett, du musst schlafen
selbst wenn du nicht willst, selbst wenn du meinst, nicht müde
zu sein, schlafen muss ein jeder und jetzt die Äuglein zu
*good night, sleep tight* und die Decke über den Kopf, alles schön
eingepackt und in die Bettkanten gedrückt, *tight, tight*
*till the sunlight, the sun comes up*, mit Näglein besteckt, mit Nelken,
mit Gottes Will' nicht mal einen Kratzer
nicht mal eine Schramme oder einen Schiefer, die Haut wie ein
Baby, ganz ohne Falten

immer wieder fragte sich die Tochter, wo fängt sie an, wo
hört sie auf, wo steht einem der Beginn, ein eigener
Beginn zu und wo ergibt er sich dem Ende, welches immer viel
zu schnell, viel zu früh und doch

*you*, wirst du mich fragen, wirst dir selbst die Frage
stellen, was es heißt und wie es möglich ist, in der Gesellschaft
*ganz* zu sein
ein zusammenhaltender Körper, eine Vollständigkeit, die in sich ruht

und ich
werde fragen: was
hat dein Körper durchgemacht, was
hab ich nicht gesehen, was ist mir entgangen

und wo ist diese eine Antwort, die so ersehnte, die
das Gewebe ihrer Stimme hervorbringen könnte,
das Gewicht

oder

GEWÄSCH, wie man ihr sagte: Mutterworte, Vaterworte
und die Tochter, die man nicht zu hören braucht,
diese Stimmen, die immerzu in ihrem Kopf, im Gedächtnis dieses
Mädchens, die sie stets leiten ...

wie sehr einem das Leben gehört (in all seiner Drastik), wenn man
erst einmal begriffen hat, es sich zu erlauben,
es für sich zu erschaffen! das Gefühl und die Begegnung mit sich
selbst und der Vergangenheit, die ewig in uns lebt;
da ist ein Wohl, sagen wir die Wahrheit, eine Weigerung als Waffe,
sagen wir die Befreiung eines Menschen,
einer Tochter, einer Frau und eines Körpers, einer Welt,
die noch nicht alle sehen,
die aber hoffentlich ohne Schramme, ohne Riss und ohne Schorf,
bald

vollständig verheilt und bis ans Äußerste getrieben ganz ohne Fleck,
    ganz ohne Einwand, ganz so wie auf dem Foto
neben der Mutter

–

ich
auf ihrem Arm mit meinem blonden Topfschnitt
und sie mit ihrem Lächeln, das unter dem Schal hervorleuchtet

ich

hatte mich
nie
mit *meinem* Körper
auseinandergesetzt
eine einfache Frage nach Anatomie hatte mich stutzen lassen,
wortlos und ohne Benennung, wohingegen der fremde Körper
    eine Bewunderung auslöste
etwas Unentdecktes, Neues und ohne mir selbst
    die Frage stellen zu müssen:
will ich passen oder nicht so sein, wie ich zu sein hab' – ein Privileg-
    körper, ein Körper ohne Schramme, ohne Kratzer oder Riss, ja
nicht mal eine Rolle passte je auf ihn
(jedenfalls gestand man sich diese nicht ein)

immerhin konnte, so erzählt man es, hielte Mann* sich an die Regel,
alles werden oder tun, in aller Freiheit, die es gab.

* weiß/europäisch/ Mittelschicht und darüber hinaus

VERWUNDERUNG,

so hätte ich es auch sagen können,
über den Zustand, in dem sich mein Körper befand
mit all seinen Erinnerungen, diesen möglichen Unwahrheiten
    oder Erzählungen, die man in sich trägt, deren Gewissheit
    nicht immer eindeutig, eher in beide Richtungen
austauschbar oder eben reine Auslegungssache war;
    ob es nun meine oder die Erinnerung anderer war,
die man als eigene übernommen hatte; sich ausschließlich
    einbildete, es seien die eigenen.

um von meinen ersten Erinnerungen erzählen zu können,
    lässt sich mein Gedächtnis bitten
es ist stur und weiß, dass ich versuche,
    an meine Kindheit heranzukommen,
aber es zeigt sich nur verschlossen, selbst wenn ich klopfe,
    klingle oder wüte, ein Schrillen,
aber dieses Haus, dieses erste, in dem ich aufgewachsen bin,
    ist für mich nicht mehr zugänglich
nicht mehr im Besitz der Familie, es wurde verkauft,
ebenso wie die Häuser meiner Großeltern.
keinen dieser Orte, die meine ersten Erinnerungen hätten
    halten können, gibt es mehr.
das Haus meines Großvaters väterlicherseits –
    meine Großmutter lernte ich diesseits nie kennen –
lässt sich nur noch mit der Erinnerung an den Igel verbinden,
    den ich dort im Garten fand

mit der an ein Fußballspiel, mit der an die Tapete im Zimmer
meines Vaters und dem darauf abgebildeten Herbstwald,
dem roten Laub,
das an das winzige Bett heranragte,
gedacht für einen Menschen, der immer noch größer war als ich.
jedoch waren all diese Bilder
so weit in meiner Kindheit vorangeschritten,
dass ich damals bestimmt über fünf Jahre alt gewesen sein musste,
noch wahrscheinlicher zwischen sieben und zehn.

als mein Großvater irgendwann ins Altenheim zog
– auch hier habe ich nur noch ein Bild von der Autofahrt im Kopf,
aber nicht von ihm –
blieb er mir bloße Silhouette, nur ein unsichtbares Wesen
im später aufgebahrten Sarg,
in dem sich sein Gesicht unter den vielen
Kränzen und Sträußen verbarg
meiner Emotionslosigkeit ausgesetzt.
meine Tränen kamen nur anfangs nach dem Telefonat mit Vater
und dieser unmöglichen Verabschiedung;
dazwischen Leerland, Stillstand oder wie mein Wortvater sagt:
*über Tränen zu schreiben, wäre mir in diesem Moment unmöglich
erschienen* (JFAO)

mein Körper hatte immer wieder diese Aussetzer, vermutlich
ähnlich der Kreislaufschwäche
im Kinder- und Jugendalter oder dem bewussten Zusammenbruch,
dem Verschließen oder Verschränken vor Trauer
– wie hätte ich es auch offen äußern können, war ich durch die
Ausbrüche in meiner Kindheit doch immer als weibisch ist
damals gleich hysterisch abgetan worden:

eine *pussy*, ein Mädchen, eine Schwuchtel gewesen,
*don't be so emotional, kiddo* –
wenn ich die Momente der erzwungenen Zurückgezogenheit nicht
ertrug, dieses Allein-gelassen-Werden oder Alleine-sein-Müssen,
nicht verstand
einem die Umarmung (väterlicherseits) versagt blieb, die starken
Arme immer nur Strenge bedeuteten und nie Wärme oder Halt
*you have to be strong, you have to be a warrior, a knight, a king*, ein
eingebildetes Etwas wie King Kong oder Godzilla, ein „Monster"
von dem man sich irgendwann einmal stolz erzählte;
wer aber sagte schon, dass es keine Dissidenten
es kein Weglaufen oder ein mutiges Entgegenstellen in aller Emotion
ein Weinen an Fronten oder den Wunsch nach Halt gab;
wieso dachte man immer, dass gerade „Monster" gefühllos seien?
wenn doch schon King Kong auf das Empire State Building klettert,
nur um zu entkommen
für einen Moment der Ruhe, ohne dort Flugzeuge zu erwarten, die
auf ihn schießen
die gesteuerten Drohnen- & Fliegerangriffe immer männlich besetzt,
die Piloten mit dem Finger am Abzug
an diesem ominösen roten Knopf:
*fire!*

im zweiten Haus meiner Großeltern
gab es im Keller ein Luftdruckgewehr und Zielscheiben am Ende
des Ganges zur Werkstatt,
wir waren Jungs mit Gewehren, teilten diese körperlichen
Momente, in denen man sich auf den Boden legte, sich
breitbeinig aufstellte, ein sicherer, athletischer Stand war
unabdingbar,

das Gewehr an die Schulter in etwa zwischen Schlüsselbein,
Brustmuskel und Oberarm angelegt
– die nicht dominante Hand auf den vorderen und die dominante
Hand auf den hinteren Griff –
mit Blick durch die Kimme:
*Kimme und Korn immer nach vorn,*
das hatte ich mir aus dem Film *Der Patriot* gemerkt

sein Ziel anvisieren
(ähnlich wie auf der Baustelle, als Kind in Barcelona
diese Erinnerung, die mir bloß als Erzählung geblieben ist,
die einem aufgebürdet wurde)
kurz ein- und sicher ausatmen,
und dann:
*schießen!*

## I.*

*Schreiben heißt, sich selbst auszuliefern*
Tove Ditlevsen

was nenne ich Schreiben?

nenne ich es Widerstand? nenne ich es Kampf oder Revolte? vielleicht lieber Denken; Schreiben heißt: Denken über den Zustand *Da*sein, im Jetzt und der Reflexion danach; oder nenne ich Schreiben einen Zustand der Ermächtigung, nicht der Bemächtigung, wie es oft der Fall ist, denn die Stimmen der Schreibenden, die man vermeintlich nie las, sah oder hörte, das jedenfalls vorgeben wollte, gab es immer, sie waren da, waren gedruckt, und selbst wenn sie nur im Kleinen vorhanden, sind sie es, die wir heute wiederholen, entdecken oder ausgraben; nenne ich Schreiben also graben oder Gräben überwinden, nenne ich es Brückenschlagen im Nachempfinden, ein Nacheifern im Denken der Vordenkenden oder Pionier*innen; was nenne ich Schreiben anderes als Komplott oder Aufstellung zum Angriff, Ausstellen des eigenen Körpers oder wie Louis: *Anleitung ein anderer zu werden*; die Anwendung: das selbst Erlebte durch den Körper geschickt und darüber hinaus Annäherung erfahren an sich und die Umwelt, seine Umgebung und die Menschen, die Kunst und seine *Wortmütter* (FP), väter, die eigene, innere Sprache; was nenne ich Schreiben anderes als ...

* Erdgeschoß – immer noch fundamentale, grundlegende Orientierung, ein Seismograph, der die Bodenbewegungen festhält und jede Aufzeichnung aus dem Untergrund erklärbarer erscheinen lässt.

# *PRÄGUNGEN*

wie werden?
wie sein? wie in einer Welt,
die in sich bereits existiert, in die wir geboren werden
und die *wir* nicht formen, sondern die *uns* formt, zu sich selbst
finden?

ist es nicht ein Widerspruch, eine verfahrene Situation, zu glauben,
der Mensch könne die Welt im Großen verändern,
wo sie in kulturellen wie sozialen und ökonomischen ebenso wie in
ökologischen Ausprägungen schon vorhanden ist, bevor
das Kind überhaupt zu existieren beginnt;
der Mensch ist immer hinterher

ist den Erziehungsmethoden, den Prägungen*, den kulturellen und
sozialen Normen ausgeliefert
über Generationen hinweg
in uns allen eingeschrieben
er, der Mensch, ist es, der einen passiven Zustand annimmt
ohne je einen aktiven Part eingenommen zu haben, denkt man
an die Geschichte und die ständige Wiederholung
allzu vieler Geschehnisse, politisch, soziologisch, ökonomisch
sie, die Welt, lässt sich nicht einfach wenden – beobachtet man nur
sich selbst und wie schnell angelernte Muster beschwerlich,
fast unmöglich zu verlernen sind;
denn wenn wir von Fortpflanzung reden, dann auch vom Begriff
der Fortführung,
der Übernahme existierender Verhältnisse, die man kennt und
(kennen)gelernt hat.

* *In der Erziehung hebt sich die bewusstlose Einheit des Kindes auf; sie gliedert sich in sich, sie wird zum gebildeten Bewusstsein; das Bewusstsein der Eltern ist seine Materie, auf deren Kosten es sich bildet. Sie sind ihm ein unbekanntes dunkles Ahnen seiner selbst.* – Jacques Derrida: Glas.

wenn das Setzen von Samen den Wunsch eröffnet,
    Kinder zu bekommen
mit dem womöglich darunter liegenden, (un)bewussten Gedanken:
die Aufhebung des eigenen Todes zu generieren,
sind wir dann nicht bloß dem egoistischen Zwang erlegen, uns
    selbst zu erhalten
ob nun über den eignen Namen oder eine Person, die auch im
    Ableben an uns denkt
uns somit ein Weiterexistieren auch im Jenseits ermöglicht
– die Furcht vor dem Tod ist größer und egoistischer, als wir es uns
    ehrlicherweise eingestehen –
und sei es nur der (Selbst)Täuschung geschuldet
        denn das Zusammenleben im Gedächtnis, das
            Erhaltenbleiben über die geistige Nähe war bereits
            in der Antike ein gängiger Wunsch
und dieses Zusammenleben erhoffen wir uns auch künftig
sowohl als lebendige Wesen wie auch als Abwesende

denn der Mensch ist ausnahmslos mit der gegenwärtigen Existenz
    verkettet, in die er sich einreiht und in der er lebt,
trotzdem, und hier ist der Mensch kein Einzelfall, bleibt
    das Individuum
der Wunsch, sich von der Gesamtheit abzusetzen
eigenständig und selbstbestimmt durch's Leben gehen zu können

        er ist Teil und will keiner sein
        er ist in einen Widerspruch hineingeboren
        er ist in sich selbst ein Widerspruch,
            dem er sich nicht entziehen kann

***die Tochter***

die Tochter weiß nichts mehr über diesen Ort ihrer Kindheit
den Ort ihres einstigen Seins und wie er aussehen würde,
selbst wenn sie es sich wieder und wieder ins Gedächtnis riefe.
denn jede gedankliche Rückkehr geht bekanntlich mit dem
    Abgleichen von Lebensrealitäten,
von Wahrnehmungen und Erinnerungen einher, mit
seinem eigenen Verhalten innerhalb eines gesellschaftlichen Rahmens,
den man sich bewusst auf Distanz gehalten hatte. eine Konstruktion,
der sie sich verweigerte oder besser: (un)bewusst verwehrte,
    nahm man doch an, dass all die Einschreibungen,
die Ablagerungen
(die gesellschaftlichen Konventionen) weiterhin vorhanden waren,
die schönen ebenso wie die schrecklichen.
oder sagen wir: einzementiert im Haus eines Vororts,
in der Fassade *(ghost letters)*, an einem bestimmten Platz,
    in einem Zimmer oder Garten, selbst in Bäumen,
in denen Initialen überwachsen,
aber nie ganz über*wunden* waren
– sie würden sich über die Jahre hinweg erhalten, gerade hier,
    so dachte die Tochter noch selbstverständlicher als ohnehin;
die Tochter wusste nicht, wie und wo sich dieses einstige Selbst,
    dieser Kinderkörper zeigen und äußern würde,
    wie ihr Frauenkörper,
der im Hier und Jetzt wirkte, seit ihrem Auszug reagieren könnte;
    nun aber: Hautreaktion,

* der Prozess der Erziehung besteht darin, den Widerspruch von idealer und wirklicher Welt, in den wir als Kinder hineingeboren werden, aufzuheben. Möglich ist dies aber nur durch das „Verschwinden“ der Familie selbst, meint Derrida, denn die Familie ist der Ort dieses Widerspruchs. Hierbei kommt es zur Auseinandersetzung zwischen dem Selbstständigkeitsstrebenden-Ich und dem Kindheits-Ich, die sich gegenüberstehen.

die Äußerung erwies sich als juckender Ausschlag, als Spuren,
die sich von der Kindheit aus herüberzogen* mit all der
Sozialisierung, dem Weiterwirken, Fortführen von gewissen
Lebensumständen. die Tochter hätte schmunzelnd
gegenüber der Familie sagen müssen: bin eben wie Mutter,
wie Großmutter oder Tantchen, bin Teil
dieses Hauses, selbst nach Jahren nicht verwaist; denn die Rückkehr
an den Herkunftsort heißt eben auch: Besinnung,
*ein Wiedersehen mit einem konservierten wie negierten Selbst,*
wie Éribon schreibt,
mit Mustern, die man aus der Kindheit kennt, die so unscheinbar
auftreten, dass erst durch die Benennung von außen
eine Offensichtlichkeit, ein Verständnis dafür entstehen kann,
wie selbstverständlich vieles im Körper ist.
selbst als all das Angelernte wie vergessen
in den Hintergrund getreten schien,
– den körperlichen Zwängen zum Trotz –, war keine Einigung
beider Welten möglich, keine Koexistenz,
denn eine regierte immer
über
die andere

***immerzu laufen wir hinterher***, wir laufen unserer Gegenwart
nach, dem Hier und Jetzt, bleiben an der Vergangenheit haften
oder an dieser Melancholie, diesem Moment der unerfüllten
Wünsche, dieser sicheren Verweigerung gegenüber dem
Möglichen
und unserer darin verborgenen Trauer, in die wir uns nur allzu gern
zurückziehen, dem Wunsch geschuldet: *was wäre, wenn*
doch Vermutungen sind qualvoll und die Hoffnung, es könnte
wieder so sein wie einst, so wie es nie war, ebenso sehr.

denn Erinnerung ist immer auch Überschreibung
ist immer auch zumindest zum Teil eine Lüge, um es drastisch
 auszudrücken

heute betrete ich das Haus meiner Eltern, das, in dem ich *nicht*
 aufgewachsen bin, in dem ich nie ein eigenes Zimmer hatte
das, in dem nur noch die Dinge zurückgeblieben sind, die man sich
 aus persönlichen Gründen erhält
für eine mögliche Zukunft, in der man sie weitergeben könnte
aus der Vorstellung heraus, ein Kind könnte damit in Jahrzehnten
 wieder etwas anfangen
die im Keller lagern, nur um sie nicht in seinen eigenen vier Wänden
 unterbringen zu müssen – kein Plunder,
so würde ich es nicht bezeichnen; es ist vielmehr die Schönheit
 des Relikts einer Zeit, die sich nicht mehr in mir
 widerzuspiegeln vermag,
ein Ich, dem ich heute nicht mehr gerecht werden kann

heute betrete ich ein Haus, in das ich nie gehörte, das mir wie ein
 Mausoleum oder ein Museum an
Bildern, Filmen und Büchern, mit Stofftieren, Musik und Fotos
 von Menschen, die es nicht mehr gibt, erscheint, mit leeren
 Sesseln
alleine an einer langen Tafel, blumengeschmückt und mit einem
 Ableger in der Vase, der vielleicht noch Wurzeln schlagen wird,
aus der ich langsam das abgestandene Wasser leere und frisches
 nachfülle

***sich selbst und auch das Andere in sich sehen***
gleich deinem Gegenüber, das sich auch in dir zu spiegeln vermag
wie die Kerbe im Holz beim Abmessen der Größe

sie spricht von Kindheit und einzelnen Tagen, an denen die Maße
des eigenen Körpers festgehalten wurden – sich sehen, sich darin
erkennen:
einmeterneunzig oder doch nur
einmeterdreiundzwanzig – bei der Geburt war man gerade mal
einen Unterarm groß
*I know your image of me* (DH),
aber an welchem Tag war es gekippt, war ich dir über den Kopf
gewachsen, wurde
zu den Größten in der Klasse gezählt, stand den (Groß)Vätern
Aug' in Aug'
und wann musste man sich eingestehen, dass man zu alt geworden
war fürs An-der-Hand-genommen-Werden, Getragenwerden
oder für den Eilzug
ins Bett am Rücken der Eltern – we can't control time
we will grow out
of patterns (and we won't be proud of it), sobald wir uns
eingestehen müssen, dass
uns etwas fehlt, eine Hand, ein Arm um die Schulter oder
der Griff unter die Kniekehlen des Kindes, damit einem
das Festhalten am anderen Körper
(auf dem Rücken der Eltern)
erleichtert wird

*love scares us*, sagst du, weil uns jegliche Kontrolle über unsere
Gefühlslage verloren geht
weil uns die innerste Vertrautheit, die wir stets verspürten,
abhandengekommen ist
und nur noch das Herz spricht, dieses Bauchgefühl wie
Schmetterlingsblessuren,

ein innerliches Toben oder fast schon Übelkeit, bis sich ein Taumel,
ein kurzzeitiges Schwanken der Wahrnehmung einstellt

Liebe ist doch immer noch das schönste Gefühl, findest du nicht?

***we can't control time***
sollte uns aber doch der Schlüssel zu einem DeLorean DMC-12
gegeben werden,
fahren wir damit zwischen den Zeiten hin und her: einmal
*Zurück in die Zukunft*
und dann wieder ins Jahr '98; er sagte, es sei Schicksal,
das ihn und dieses „junge Ding" zusammenbrachte
sein grauer Anzug, die tägliche Rasur, das Auftragen von
Aftershave oder Gesichtscreme
vielleicht sogar einfach mal Alkohol
aus der Apotheke, der lange Doppelreiher und dein Hut
über dem schütteren Haar
seinem Kopfhautschimmern und das Parfüm: *destiny*
wird er es nennen, wo sie doch so viel jünger,
so um die 20 Jahre, und er schon längst pensioniert
immerhin, wie hätte sich ein so „junges Ding"
(die Objektivierung bleibt)
wie hätte sie sich denn in einen wie ihn verlieben können
wäre es nicht vorherbestimmt gewesen;
wie doch so vieles im Leben
die einstige Ehe, der Umzug, die nun *fröhlichen* Stunden,
die einem das Schicksal beschert, war es doch endlich gnädig

wie das Vergessen, das sich über einen legt wie warme Decken

Großmutters
Namen hörte ich heute zum ersten Mal
über mein eigenes Unwissen erstaunt und doch
    hätte ich ihn nicht nennen können
bloß das Schicksal und die Tätigkeit, die ihr auferlegt war

MAMA, MUTTER oder in meinem Fall: Großmutter
war einst eine Frau, die in Amerika geboren wurde,
auf territorialem Gewässer des Atlantiks
im schwankenden Wellengang des Meeres
    sei sie zur Welt gekommen
und erst später wieder zurück in die *Heimat* (sic!)
    und habe *dort* Großvater kennengelernt

ich erinnere mich, wie meine Großmutter mütterlicherseits
    den Verlust ihrer Jugend beklagte
die Unmöglichkeit, sich in einer Weise auszuleben,
    die uns, so schien es ihr, gegeben war
doch dieses *heute habe man es gut* gab es nicht,
    war eine Wunschvorstellung,
denn auch für uns war es selbstverständlich,
sich und seinen Körper abzulehnen,
    sich ebenso wenig frei zu fühlen,
wenn oft schon ein Wort, eine Erfahrung, eine Tat
vieles
in uns verändert
die Angst vor einander
oder davor, alleine nicht zurechtzukommen
ungenügend oder sogar nichts wert zu sein
war auch in unserer Jugend allgegenwärtig

Großvater selbst – so ist es immer als Nachkomme –
habe ich ausschließlich als alten Menschen in meinem Kopf
als jemanden, den ich nur im Anzug kennengelernt hatte
anders als jenen mütterlicherseits, den ich auch
im Feinrippunterhemd oder in Trainingssachen erlebte;
und obwohl auch er, väterlicherseits, Sporttrainer war und so
sein „junges Ding“
(wollte man sie so nennen – hier setzt mein Vorstellungsvermögen
aus, es möchte sich nichts Weiteres ausmalen müssen)
kennen- und mit Sicherheit lieben lernte

selten ist einem die Familie so nah,
dass man sie wirklich kennt.
es handelt sich meistens um ein Missverständnis oder
ein Ver*sehen*
ging man davon aus, dass man das Wesen des anderen
wirklich begriff,
sah man sich zu familiären Anlässen oder sprach
oberflächlich übers Wetter

daher ist mir das Verfassen seines Wesens, seines Abbildes nur
in einer Art eindimensionaler Schreibweise möglich, die
mir missfällt,
da ich von Zuneigung meines Großvaters meiner Großmutter
gegenüber reden will, wie er von Liebe,
wo es aber doch offensichtlich eher ein körperliches Begehren war
oder ein Schmücken, was besonders in die Wunschvorstellung
jener Generation fiel
jedenfalls so lange, bis sie, die Frau, dann als Zuchtstute für
weitere Nachkommen dienen sollte

wie sehr wünschte ich mir in solchen Momenten Seifenstücke,
um alles wegzuwaschen
um endlich eine Ausrede zu haben, dass das heute Vergangenheit
sei, dass diese Vorstellung, Mama,
keine echte ist, auch sonst nie gewesen war, aber auch ich spreche
die Mütter meist in ihrer Rolle an
in ihrem Korsett und nicht mit ihrem Namen (zur Anonymisierung),
weil es mir so beigebracht wurde,
weil wir die Namen der Menschen schneller ersetzen,
als uns lieb ist

***ein Teil Tier, ein Teil Herz und Pelz*** und obenauf
die Hörner, die man sich abstoßen soll
sich ausleben, soll Stier sein und
streifen um die Welt,
doch Wildes habe niemals Mitleid
mit sich und seinem Gegenüber
dort, wo es Geheimnisse zu finden gibt,
gräbt man nach Geschichten
dort, wo wir uns trafen,
wird es nur so von uns wimmeln

wir sind Teil
dieser Welt und doch
immer auf uns selbst bedacht
einfach
ein Teil Tier, ein wilderndes Etwas
ein Rudel, das davon träumt, Mensch zu sein

ich habe genug
von uns
gegessen
ich lasse endlich ab

dass ich von dir immer nur in der Vergangenheit rede, liegt einzig
    und alleine daran, dass mir das Präsens verlogen vorkäme,
wo ich dich doch seit meinem Teenageralter nicht mehr kenne,
    selbst davor schienst du mir fremd
oder eben so, als kenne ich nur einen Teil von dir, den,
    den du nach außen hin zu zeigen pflegtest; der Mann,
    der man zu sein habe, der,
der immerzu beherrscht und ohne Fehler, kein reales oder sagen
    wir kein emotionales Bild eröffnen wollte;
Ausnahmen stellten die Momente an Wut
    oder, wie ich glauben wollte, Trauer dar
Männer, die sich in ihrer Wut äußern, fühlen sich innerlich
    eigentlich traurig und verletzt, hatte man mir einmal erzählt;
ich weiß nicht, ob *du* Trauer überhaupt kanntest oder es einfach
    ein Teil deines Wesens war, der
sich in der Aggression besser auszudrücken wusste als in der
    Verletzlichkeit, denn selbst diesen Kinderworten:
*schlag mich, dann weiß ich wenigstens, warum ich weine*
schienst du eher erstaunt gegenüberzustehen, völlig gefasst,
obwohl da diese wiederholte Wut im Ausdruck war, die sich
    ausschließlich gegen dich selbst richtete;
die kannte ich, die weiß ich aus heutiger Sicht einzuordnen,
    sich einander im Streit zu lieben, im Schreien
Schimpfen, aber jene emotionale Schicht darunter blieb mir
    bislang unergründbar

nur die äußerste, ausgelassen über die Stimme,
die sich darin manifestierte,
dir keinen Umgang mit inneren Konflikten zu ermöglichen
(man dir nie beigebracht hatte,
über Gefühle überhaupt zu sprechen),
wenn ich mir diese Vermutung erlauben darf.

ich habe als Kind nach einem Schlag verlangt, da die emotionale
Verletzung weniger Sinn machte für mich
als der Wunsch nach einer körperlichen Bestrafung, die ich nicht
verdiente, mir aber ein Verständnis geboten hätte,
mit dem ich umzugehen hätte lernen können oder wollen.

ich stelle hiermit keine Verleumdung an oder den Versuch,
jemandes Wesen zu verunglimpfen
vielmehr liegt mir daran, die Verworrenheit zu verstehen, die
eine jede Beziehung mit sich bringt
und die Verhältnisse, in denen ich mich befinde, zu verstehen
wie bin ich so geworden, wie ich bin, wie
kam es zu meiner Überreizung oder dem Wunsch des Weglaufens,
des Alleinseins,
und doch zugleich zum ständigen Drang nach
*Nähe*
und der größtmöglichen Distanz, um sicherzugehen;
wie viel hält sich immer noch unter meiner Haut versteckt
wie viel unter der Decke, die alles zusammenhält
wie viel ist schon im Ausbruch begriffen, dem Knall,
dem Auseinanderstieben
jenem Fliehen, ohne einen Grund zu wissen
in andere Sphären oder Länder, vielleicht im Ozean
abgetaucht

und dann die Trennung
die unerklärliche Spaltung
Scholle um Scholle, bröcklig und porös
die tektonische Bewegung, die scheinbar bodenlose Tiefe,
die sich vor den Augen eröffnet

Dante stand vor den Toren der Hölle, um an die verschlagenen
Abgründe der Menschheit zu gelangen
ich stehe vielleicht nur vor mir selbst (und würde mein Leben auch
nie mit der Hölle vergleichen), aber ich möchte wissen und
verstehen lernen, wer ich
im Kern
geworden bin

denn: there have been so many versions of us over the years

körperliches *An*denken (Part I.)

I.
wo man nicht vollständig anwesend sein kann,
bleibt man lieber fern
heißt es, doch die Hülle, die einen umgibt, trägt man immer,
selbst wenn sie sich manchmal wie leergefegt anfühlt,
selbst wenn sie nur von außen zusammen-
gehalten; ich kenne meine Einschnitte, kenne die Adern,
die sich aus der Haut wölben
die Narben, die von Reisen erzählen oder auch nur
von einer Autofahrt in der Kindheit
zwischen die Sitze gedrängt, ein- und angegurtet
und mit immer wachendem Blick

über den Rückspiegel auf die Körper in der zweiten Reihe,
    manchmal schwankt es in mir
wendet sich mein Kopf, weil er es nicht gewohnt ist,
    dass andere ihn an-,
ihm in die Augen sehen, manchmal möchte ich
einfach aus meiner Haut fahren

II.

*Zuhause,* habe ich gelernt, darf nie für Verrat stehen,
anders als Heimat oder Hand, ein ausgestreckter Arm,
    mir läuft Schweiß über die Stirn und langsam
    in die Augen, es brennt ein wenig,
wenn man die Finger darin reibt
wie so oft, wenn es Sommer ist und die Hitze einen schwindelt,
die Sonnencreme oder der Schmutz der Straße
    in die Augen geweht wird
der ausgeliehene Staub des Südens
damals in Kroatien
hatte ich den schlimmsten Sonnenbrand,
die Haut warf Blasen am ganzen Oberkörper,
es schien sich eine Schicht zu lösen
von den Schultern der zarten Kinderhaut.
heute würde man sagen, krebserregend,
damals kletzelte man noch daran herum
und war erstaunt über die weißlichen Fetzen,
    die man von sich abzog,
die ihren Glanz verloren hatten
wie das Hemd einer Schlange
*Zuhause* trug man Aloe Vera auf und hoffte,
    dass der Schmerz verging

III.

einmal schrieb ich: als Kinder immer bäuchlings
    in die Brennnesseln
hinein, in alles, was einem fremde Länder versprach,
noch immer könnte ich den Bach benennen neben dem
    Fußballfeld und den sandigen Boden, den Abhang
    und die hoheitsvollen Gewächse, die den Weg zum
    Wasser versperrten.
man dürfe nie die Unterseite des Blattes anfassen,
um nicht in Kontakt mit den Röhrchen (die schon bei
    der kleinsten Berührung brachen) zu kommen,
sie lösten das Brennen aus
und doch passierte es einem in der Kindheit immer wieder

der Bach dahinter versprach die erhoffte Kühlung
die Brennnessel
(als altes Hausmittel von den Großeltern nahegelegt)
die Förderung der Blutzirkulation
und uns versprachen sie ein Eis
wegen all der Tapferkeit

IV.

wie soll ich dich ansprechen, mein Herz-
schlag, mein müder Herzschlag will nicht so richtig,
aber wenn es dich sieht, dann ...

wie soll ich dich ansprechen, ohne dabei im Boden
    zu versinken
ohne dabei ständig in der Sprache zu stolpern, du bist
alles, ohne dich wirklich zu kennen, du bist
ein Traum, ein ewiger, den es zu träumen gilt

es wird der Tag kommen, an dem ich aufwache
und mich schäme
für die verschwitzten Bettlaken
und die seidene Boxershorts mit Comicfiguren
ich verstecke sie
irgendwo inzwischen der Schmutzwäsche
ich werde zwölf oder dreizehn sein
es nicht ganz verstehen und trotzdem Glück verspüren
an diesem Morgen im August

V.

manchmal fühlte es sich im Schlaf so an, als würde ich fallen,
als wäre alles versunken und ich in die Tiefe gerissen
später lernte ich, dass es sich hierbei um
    Hypnagoge Zuckungen handelt
eine Art Loslösung
der Kopf kann unseren Körper nicht mehr verorten
er verliert sich für einen Moment
ist kurzzeitig nirgendwo
zwischen Traum und Realität

VI.

wenn man erstmals alleine auf Reisen ist, bemerkt man,
    wie sich Einsamkeit im Körper
von zumutbar bis unerträglich im Wellengang zwischen
    Ebbe und Flut äußert.
ich saß am Strand in Thailand, in meiner Hand
    Hemingways Kurzgeschichten,
in denen ich mehr abwesend als anwesend blätterte,
während ich am Strand einige Quallen zu Grunde gehen sah.
    sie taten mir leid

und gleichzeitig wusste ich, dass ich keinen Fuß ins Meer
setzen würde, ich war Anfang zwanzig
offen für Abenteuer, um von mir in einer Art der
Kontaktanzeige (oder mein Tinder-Profil zitierend)
zu sprechen:
dünnhäutig
oder als wollte ich mich wieder vollständig der Sonne aussetzen
ein jeder Drink erhöhte die Chance, mich zu blamieren,
aber man nimmt es hin,
nimmt das rote Badetuch, das man unter sich ausgebreitet hatte,
schüttelt den darin angesammelten Sand aus, rollt es ein
geht noch einmal in Richtung der Quallen, die einen
an die abgestorbene Haut erinnern,
die man sich damals als Kind abzog,
nimmt einen Stock in die Hand und versucht sie wieder
ins Meer zurückzuschieben
auch wenn man weiß, dass es längst zu spät ist

VII.

heute steige ich in Sandalen über
hinterhältige Dornen und Steine auf zerbrechliche Felsen,
mit Butter und Rohschinken und Baguette im Gepäck,
mein Rücken
drückt sich an den schweren schwarzen Rucksack und
hinterlässt eine Pfütze
auf meinem Shirt, ich rauche (obwohl es mir nicht schmeckt)
aus reiner Gewohnheit und streiche mir über den Kopf
über das langsam schütter werdende Haar
ich setze mich auf einen Stein an der Brandung
streiche mir mein Essen und beiße
die Zähne zusammen, mein Arm macht sich bemerkbar.

seit ich damals mit dem Rad gestürzt bin, verspüre ich
    immer vom Schulterblatt ausgehend,
bei falschen Bewegungen,
ein Stechen
es begleitet mich seit Jahren,
aber ich habe mich daran gewöhnt, wie an die Wespen,
die sich über das Essen hermachen und Brösel um Bröckchen
mit ihren Beinen vom Tisch tragen
oder sich im Wein ertränken

ich frage mich, ob auch sie manchmal
    des Lebens müde werden

VIII.
es ist 7.30 Uhr, der Wecker klingelt, der Nebel
    vor dem Fenster
lässt die nassen Straßen erahnen, es ist ein dumpfer Morgen
und wir halten uns am anderen fest, drücken schon
    zum dritten Mal den *Snooze-Button*
keiner schafft es in die Gänge, der Vorraum
    ist zu weit entfernt,
aber der Geruch von frisch gemahlenem Kaffee
    lässt uns wünschen,
jemand stünde auf

unsere Körper fühlen sich ermattet an, von Steinen belastet
man flüstert sich zu, dass man sich liebe, und doch scheint
    der Zweifel in uns durch
wie die Spitzen des Grases unter Nebel-
decken

wir werden uns berühren, die Körper der anderen,
    wir werden den Morgen langsam beginnen
uns auf- und ineinander legen und in diesem dumpfen,
    leicht schwindligen Gefühl
des noch tauben, besser: energielosen Körpers
alles tun: was wir uns lieben nennen.
wenn meine Finger unversehens und deine Hand
wenn wir das Zittern des anderen voraussehen und
    die kurze Freude in der Früh

guten Morgen
ja, es ist ein guter Morgen

IX.
meine Venen wollen nicht so richtig

morgens ziehe ich mir Stützstrümpfe an
meine Hände raffen den Stoff und drücken ihn
    seitlich auseinander
er ist schwer dehnbar und lässt sich fast nicht
    über die Ferse ziehen
meine Beine sind schwer und die Füße kalt,
    ich brauche Socken, um nicht zu frieren
und denke an die Zeit als Kind, als ich in
    rosa Strumpfhosen noch auf Teppichen turnte

es gab nichts zu hinterfragen

# PERSPEKTIVEN

## III.*

* Mezzanin – schon in wenigen Schritten liegt ein Anfang

### FRAGEN:

wie kann ich von einem Leben erzählen, wenn ich es doch nicht vollständig miterlebt habe? wie kann oder will ich es mir erlauben, vom Leben eines (oder mehrerer) Menschen zu berichten, deren Rollen ich nur zum Teil kenne, deren *Frauwerdung* einer Errungenschaft gleicht (*in all der Menge je erkennen: ich bin allein*, so Kräftner): wohingegen ich einen solchen Kampf nicht auszutragen hatte, geschweige denn je in die Verlegenheit kam, mich und meinen Körper zu hinterfragen – wo mir eine solche Errungenschaft unmöglich nachzuvollziehen ist, wo ich mir meines Standes, meiner Herkunft, meines Geschlechts stets sicher sein konnte, sogar meines Geistes und meiner Sprachlichkeit ebenso wie meiner Möglichkeiten, die mir so unverfänglich, ja, fast freudig entgegentraten, um mir zu verstehen zu geben, dies stehe einem eben zu (in aller Selbstverständlichkeit!?). wie kann ich davon schreiben, wenn mir all das so unvertraut ist? wie könnte ich dem Leben entgegentreten, ohne zu wissen, dass ich dabei kaum auf Gegenwind stoßen würde; mir alle Wege frei zu sein scheinen? wie also schreiben, ohne dabei in Klischees zu verfallen, in formvollendete Rollen, die mir, aber ebenso uns allen, einst eröffnet wurden? oder: wo fängst du an? wo fängt dein Körper an zu sein und wo hört meiner auf? wo überschneiden wir uns in unserer Lebensweise und worin überschreite ich meine Kompetenz, die mir so glaubhaft vermittelt worden war – und wo fühlt man sich wirklich gesehen, ohne besonderes Zutun eines Selbst ...

* Berührungen sind die primären sozialen Erfahrungen des Menschen und diese sind unerlässlich für die Entwicklung eines Kindes – wird dem Kind diese Erfahrung genommen, dann bleibt auch das Vertrauen brüchig (es kann sogar so weit gehen, dass Kinder, denen ein Entzug von körperlicher Nähe passiert, krank werden und sie in der Entwicklung teilweise verstört zurückbleiben).

ist man einmal zerbrechlich, sind weitere Risse unabwendbar*

so viel Stadt, so viel Einsamkeit
um uns herum die Wohnung, die sich weitet
das Frühstück: eine leere Semmel, eine Tasse Kaffee, heute
    trinken wir ihn schwarz,
weil die Milch seit Tagen abgelaufen ist und flockt, ich schütte sie
    in den Abfluss
drehe den Wasserhahn auf, er löst die weißen Bröckchen
    und reißt sie mit sich
Stück für Stück in die Unsichtbarkeit
gehen wir Punkt für Punkt in der Geschichte voran:

sehe die Sprache, in der wir uns begegnen
im eigentlichen Sinne: eine Verfehlung, ein *Ver*sprechen und doch
alles, was es in diesem Moment braucht
es ist nur ein Wort, ein Blick, eine Geste, die alles sagt
ein Halten, ein Wagnis eines sich annähernden Fingers
man sitzt sich gegenüber und sagt sich im Schweigen mehr als nur:
    Nervosität
Unsicherheit, ein Versinken in die Ritzen der Polstermöbel
wir sind ein ewig andauernder Moment, der
    sich einfach nicht lösen will

sind ins Herzland emigriert mit jedem Schlag
wie auf einer Scholle, einer einzelnen, die nur für uns
    zu existieren wagt
im Wellengang, im Überschwappen
        haben eine Sprache gefunden
eine weitere unter tausenden, die so wohlwollend
    von Zuneigung zeugt.

ich will und bin der Hoffnung nach Zweisamkeit nach
in die Schneise, in die Täler jeder kleinsten Erhebung
von Fingern. die Etappen werden länger
und ich fürchte ständig, nicht genug für dieses Leben zu sein

*for now my explanation for everything is you*
wie aber könntest du die Antwort auf alles sein
wenn mir die Fragen fehlen

***die Sehnsucht wohnt im sechsten Stock***
im Erdgeschoß ist immer nur die Welt von jetzt
sie ist das Stiegensteigen nicht gewohnt und Lift
    gibt es auch keinen im Haus
*werde erstmal achtzig*
oder trage Schwarz, sieben Tage lang nur Schwarz
wie eine Witwe, um erkannt zu werden
    und andere darin zu erkennen
dabei ist Schwarz in deiner Vorstellung immer auch *sexy*
oder wenigstens mit wilden Nächten verbunden, seit du dich mit
    vierzehn aus dem Haus geschlichen hast
in den Kofferraum eines Autos gestiegen bist und dich schon nach
    dem ersten Bier in den Brunnen der Stadt
übergeben musstest – umgeben von Männern, die dir erklären
    würden: nachts sind alle Katzen grau
oder schwarz, im Grunde also egal, ob vierzehn oder hässlich
schöntrinken gehe immer, die einfachste Lösung für
    unsere Probleme
oder wie ein Familienmotto: *wird es bedenklich, laufen wir davon*
nur keine Nähe
nur keine Fehler mehr machen
und wenn, dann bitte nur so, dass niemand sie sieht

eingehüllt in schwarzen Tüll
oder mit Sonnenbrille am nächsten Tag
*commonly known as walk of shame*
deine Hände am Fenster mit dem zerknüllten Papier
*kreuze: Ja, Nein, oder Vielleicht an*
und einem *wanna fall**
*in love* – der Regen wird seinesgleichen tun
es aufweichen
und den Brief wieder irgendwann der Erde übergeben

***nie habe es die gleiche emotionale Wirkkraft***, wie wenn
man darin schwelgt
wenn man sie, die Momente, in einer abstrakten Form
der Distanziertheit sehe
oder vor Augen geführt bekommt; ich wollte nicht, dass du weißt,
wer ich bin,
oder dass du weißt, woher ich komme
dass ich mich für das Haus, in dem ich aufgewachsen bin, schämte
für den PVC-Boden, die alten Möbel, für meine Tante, die
(sich im Schritt kratzend) am Kamin schlief,
weil es die einzige Stelle im Haus war, die beheizt werden konnte,
die rülpste oder furzte
die sich wie ein Mann, aus deiner Sicht, benahm,
und für die Vorhänge,
die seit Jahren nicht mehr gewaschen, die das Fett der Küche
schon aufgesogen hatten
selbst für deine Großmutter (was du ungern zugabst), die
sich immer noch in der Küche wusch
weil es schneller und einfacher ging, die keinen Wert auf
Bequemlichkeit legte

* Žižeks Verständnis von „falling in love“: Jede Orientierung wird verändert, die Weltanschauung, die man zuvor hatte, wird so weit über Bord geworfen, dass ein Versuch beider entsteht, sich als Einheit zu orientieren und zwei getrennte Lebenserfahrungen miteinander zu verschmelzen. Das gesamte Leben verändert sich, somit ist Liebe, besser: der Vorgang, jemandem zu verfallen, deskriptiv, denn dieses unerwartete Ereignis, dem man ausgeliefert ist – man ist hierbei wie schon in der Antike im passiven Zustand (von Eros' oder Amors Pfeil getroffen) –, lässt das Individuum zusammenbrechen, nichts ist mehr wie zuvor (und gerade davor haben wir am meisten Angst – die bereits gefestigte Person, die wir geworden sind, unerwartet zu verlieren, und das in freiem Fall).

die nicht verstand, was es hieß, Parfüm zu tragen
und seit einigen Jahren immer mehr nach altem Schweiß
zu riechen begann

sie, die Tochter, war sich ganz sicher, dass
sie ein anderes Leben verdiente
dass ein anderes Leben für sie vorgesehen war, irgendwann
und an einem Ort,
der nicht dieser war, vielleicht auf Grund einer Abstraktion,
und dass ihr Leben nur so aussah aufgrund eines Versehens,
einer Zurückgewiesenheit
eines Moments der Vereinsamung, die einen allzu früh altern lässt,
da man die Melancholie kennt
ja, selbst die Verzweiflung, die einem in diesen jungen Jahren
noch unbekannt sein sollte

Sontag fragte einmal: wann denn die Verzweiflung einsetze
oder eingesetzt hatte?
vielleicht erfährt man es
irgendwann
lehrt einen das Leben andere Lektionen

mit deiner Geburt hat alles begonnen, so wie jedes Leben mit der
Geburt beginnt, und doch kann man sagen, dass
manches eben nicht immer so läuft, wie es sollte; du bist bei Mutter,
kommst dann zur Großmutter, deiner Tante
das Leben hält seine Tücken bereit, doch als Kind
kann man eben nichts dafür
man sucht sich die Verhältnisse, in die man hineingeboren wird,
nicht aus, sie werden einem aufoktroyiert
da ist ein Zwang, der ausschließlich für *dich* zufällig passiert –

manche haben Glück, andere müssen sich schließlich damit
begnügen, was übrigbleibt (selbst mit zu wenig noch zufrieden
sein).

wieder sehe ich dein Lächeln, das *Kragele* um deinen Hals und
deinen verschmierten Mund
das Glück, das aus dir strahlt; man weiß, dass man geliebt wird,
jedenfalls denkt man, dass es Liebe ist,
da man noch nicht weiß, dass Liebe nur uneigennützig existieren
kann. ist sie an Zwänge oder Vorschriften gebunden
oder mit Gegenleistung verknüpft (man müsse immer und
ausschließlich zurückgeliebt werden), kann man gar nicht
erst von Liebe* sprechen.
die Liebe der Eltern bzw. des familiären Umfeldes zu und
gegenüber ihren Kindern
sollte von Geburt an eine Selbstverständlichkeit erreichen, die dem
Kind ein Urvertrauen schenkt;
um eine vollständige Entwicklung zu ermöglichen
(es ist wie eine Sprache, deren Worte bzw. Gesten man als Kind
spielerischer erlernt)
denn auch sie fühlen in die Vorstellung hinein und sollten
in dieser Beziehung nie Enttäuschung erfahren;
so der wünschenswerte Gedanke

* denn die Liebe baut laut Fromm auf folgenden Grundprinzipien auf: *Fürsorge, Verantwortungsgefühl, Achtung vor dem anderen und Erkenntnis*

ich sehe dich vor dem Haus, neben der Eingangstür ist alles
mit Blumen geschmückt,
eine Steinvase neben der anderen und du mit Schnittblumen davor
ich sehe dein späteres Entgegenlaufen in Richtung des Hibiskus,
der Storchschnäbel, diesen vielen Topfpflanzen
und der Schlüssel, der sich dahinter verbirgt.

dein Gedanke: *sie hatte dich verlassen wie alle in deinem Leben,*
als du das leere Haus vorfindest.
ich sehe diese Trauer; die du nur allzu gut kennt, wenn da diese
Abwesenheit als Anwesenheit,
dieser Schreck- oder Schockmoment, wie die Tochter beteuert,
wenn das Herz im Hals oder diese Krämpfe im ganzen Körper,
der Atem hält still, es schnürt einem die Kehle zu und dann
sehe ich deine Erleichterung, als du erkennst, es ist nicht so,
wie du es dir in deiner Phantasie ausgemalt hast –

wie viele Steine sind einem dabei schon vom Herzen gefallen
wie viele Gerölllawinen konnte diese Angst bereits auslösen,
unter denen man verschüttet
welche Furcht verbirgt sich hinter dieser Dunkelheit, hinter
diesen vielen Brocken aus Gestein

doch wenn man sich einmal wirklich geborgen fühlt, scheint einem
das Leben endlich erträglich
diese Geborgenheit ist es, die einem die Annäherung ans Leben ohne
große Distanz erlaubt, erst dann
– hatte man Geborgenheit einmal erlebt –
wird man sich vollständig hingeben,
ohne Schramme, ohne Schorf, kein Fleck als Einwand
oder diese Blessur mit violettem Umriss. direkt nach deiner Geburt
konnte deine Mutter dich nicht halten, es war diese Schwäche vor
der vollständigen Hingabe
die Angst (die Reue) vor der Unzulänglichkeit
als Mutter, wenn da diese ersten Risse,
diese erste Abwendung vorkommt,
– die Mutter, die ihr Kind nicht hält –

wenn man die Entscheidung bereut
schon bei deiner Geburt lief so einiges schief

in den ersten Wochen, bleiches Laken, schlief die Tochter noch
  im Bett der Mutter, sie legte sie neben sich, um sicherzugehen
sie würde nicht zu Boden fallen, sie aber kugelte bis zu deinen
  Beinen, kugelte in der Nacht über und unter Decken
umher und schlief; die ersten Nächte blieben ruhig, danach ergriff
  sie sie, die Nacht, und die Tochter fand erst wieder Schlaf
untertags
atmen, untertags, diese Sanftheit und die Wölbung des Bauches,
  ihres Brustkorbs und die Tücher, die Wärme oder
Wärmflasche für alle Fälle – immer noch habe sie eine im Schrank
  oder unter die Decke gepackt
die Zeiten haben sich seither nicht geändert, ihre Rituale beim
  Schlafen und der Wasserkocher, der morgens und abends
pfeift, er könnte ihr Wecker sein und die Erinnerung fürs
  Zu-Bett-Gehen
nachts
eines aber werde sie immer im Ohr haben: *hotwaterbottle* (OS)
  wie ein Heizkörper und das Schlaflied ihrer Mutter

ich erinnere mich noch an den Gartenschlauch, ans Plantschen
  im aufblasbaren Becken
an die ersten nackten Körper, die in wenigen Zentimetern Wasser
  hockten und unter ihren Sonnenhüten grinsten
die Brillen auf der Nase immer ein wenig schief und die
  Sonnencreme, die einen Geruch verströmte, den ich bis heute
  in der Nase habe,
aber nicht wirklich benennen kann

man könnte sagen, meine Kindheit verlief weitestgehend
ohne Narben, nur von ein bis zwei Geschichten
könnte ich erzählen,
deren blutiger Ausgang mich betraf: vom Sonnenschirm und vom
Bauschutt in den Augen
und den Kratzern im Gesicht
ich glaube, ich gehöre zu jenen Menschen, die bis zu einem
gewissen Grad das Glück gepachtet haben.
warum gerade ich, kann ich nicht sagen oder würde es mich auch
nicht trauen, das Schicksal herausfordernd
zu hinterfragen, denn ich fühle mich weitestgehend
sicher
würde ich jedenfalls behaupten,
denn immerhin habe ich mit dem *Verlassen* meinen Frieden
geschlossen

während die Luft aus den Lungen, aus dem Plastik entweicht,
das Wasser in den Garten gekippt
die Erde erweicht und wir barfuß darüber
trampeln

und du das Wasser der Wärmflasche
in das Spülbecken gießt

vermutlich suchte ich seither nach ihrem Lächeln
diesem in das Kinderbecken gepackte, mit dem verschmitzten Mund
voll Schokolade
und dem Geschmack von Zuneigung oder Zärtlichkeit, wenn dich
die Großmutter, die Tante
selbst die Mutter, die es in deinem Leben so selten gab, fütterte

ich glaube, das, was wir einmal an einem Menschen geliebt haben,
suchen wir in anderen immer wieder*
und so suchte ich wohl nach diesem Lächeln jener Frau
– eines Kindes, das ich nicht kannte –,
die ich geliebt habe und deren Hand mir seither fehlt.
mein Körper, der sich nach dieser Berührung sehnt
mein Körper ist seither an dieser Stelle
taub

* *typus – Die Atopie des Anderen überrasche ich auf seinem Gesicht, und zwar immer dann, wenn ich darin seine Unschuld, seine große Unschuld lese.* – Roland Barthes: Fragmente einer Sprache der Liebe.

## IV.*

* 1. Stock:
ein fester Stand,
beidbeinig
mit Sohlen ertastend

der Ursprung dieses Nachempfindens liegt in der Typografie, ist eine Vermessung, eine Verortung, ein Versuch, dem Alltag und den gesellschaftlichen Perspektiven, die sich darin finden, näherzukommen und sie in all der Nüchternheit nachzuzeichnen, die mir möglich ist; eine Rücksichtnahme, ein Umhegen oder ein Versuch des Zu-Sich-Nehmens, des Behütens von allem Erlebten, was in den Körper aufgenommen wurde – zu sezieren, zu mikroskopieren, die Betrachtung des Gewebes der Stimme, des Bindegewebes, der Eindrücke, Dellen, Narben, Depressionen, aber vor allem der Aufladungen, der Einlagerungen; die Betrachtung jener eingewebten Forderungen und Prägungen, die wir mitbekommen haben, die auf den Körper einwirken, die Wiederholung der Wunden* und Flecken und inneren Brüche, die uns verletzlich werden lassen; auch widerständig, und zur Gegenwehr anregen ...

* das Unvermögen der Akzeptanz: nur Reptilien verlieren nach dem Abstreifen gleichzeitig ihre Schuppen und Wunden.

***weißt du eigentlich, wie schwer ein Körper ist,***
***wie schwer er werden kann?***

damals hinterm Krankenhausfenster bei der Geburt der Tochter
war eine Baustelle, war das laute Schlagecho
des Betonhammers zu hören
immer schon gegen sieben Uhr Früh
und durch die Mittagshitze hindurch
das Brechen und Stemmen von Asphalt
die Mutter, die Tochter, niemand
fand hier Schlaf in den ersten Tagen, seit diesem Satz: es ist ein
Klammer auf MÄDCHEN Klammer zu
ich gratuliere Ihnen*

eine Klammer hält etwas zusammen, sie hält fest, ist
Mund, gebärt den ersten Schrei, den ersten Kuss, gebärt
den einen Satz, den niemand spricht oder in dieser Familie
sprechen will:
jenen von LIEBE

er strebt nach der Aufhebung aller vorherrschenden Unterschiede
aller Ungleichheiten, die man immer noch in sich trägt.
einfach nicht loslassen kann
oder
*you keep me as a promise*
als Versprechen
dieser Zeit, die nicht mehr in uns schlägt

** Das Bewusstsein des Kindes kommt nicht zur Welt als zu einer materiellen und unorganischen Äußerlichkeit. Die Welt ist bereits ausgearbeitet, wenn die Erziehung (das Wachstum) beginnt, sie ist eine von „Wissen der Eltern" durchdrungene, informierte Kultur. Als und anstelle der unorganischen Natur steht dem Kind zunächst das ererbte Wissen, bereits eine gewisse Identität, gegenüber. Das Kind wächst folglich im „Widerspruch" zwischen der wirklichen Welt und der idealen Welt auf. – Jacques Derrida: Glas.*

du, wird der Tochter irgendwann gesagt, bist
das Schönste, das mir je in meinem Leben passiert ist
vielleicht ein Wunschkind, vielleicht ein Unfall, selbst
    wenn Mutter es ausklammern wird,
es nie über ihre Lippen brachte, Großmutter wird es dir dafür
    immer und immer wieder sagen
und du wirst glücklich sein, auch wenn du dir ein ganzes Leben
    ersehnst, kein halbes mit all den Abstrichen
denn du weißt, dass da etwas auf dich wartet, irgendwo,
    wo alle Grenzen, die es hier noch lange geben wird
aufgehoben sind

*(promise*          *(pinky)*          *promise)*

* dich habe ich zeitlebens mit Musik verbunden, du bist in mir zum Songbook geworden

*Songbook I.**: Weiße Pferde – Georg Danzer; Don't Let The Sun Go Down On Me – George Michael, Elton John; Clint Eastwood – Gorillaz; Do You Remember? – Phil Collins; Im Stillen – Max Prosa; Man In The Mirror – Michael Jackson; Tu t'laisses aller – Charles Aznavour; If You Don't Know Me By Now – Simply Red; Vienna – Billy Joel; Nobody Knows You When You're Down And Out – Eric Clapton; Where The Wild Roses Grow – Nick Cave And The Bad Seeds, Kylie Minogue; My Apple Heart – Lisa Stansfield; Georgia In My Mind – Ray Charles; Kleine Ballade – Gisbert zu Knyphausen; Ich lieb dich überhaupt nicht mehr – Udo Lindenberg; Mit dir – Freundeskreis; Always – Bon Jovi; Perfect – Fairground Attraction; No Regrets – Ella Fitzgerald; Ich atme ein – Roger Cicero; When The Sun Goes Down – Arctic Monkeys; Ochrasy – Mando Diao; Hallelujah – Jeff Buckley; Harder To Breathe – Maroon 5; My Love Is Your Love – Whitney Houston; Wenn ich dich gefunden hab – Kid Kopphausen; Valerie – Amy Winehouse; I Say A Little Prayer – Aretha Franklin; Ella, elle l'a – France Gall; Es ist wieder Februar – OK Kid; Old Shoes (& Picture Postcards) – Tom Waits; Parole, parole – Mina e Alberto Lupo; What Is Love – Haddaway; Naïve – The Kooks; Suffering You, Suffering Me – Slow Club; If I Ain't Got You – Alicia Keys; End Of The Road – Boyz II Men; Fast Car – Tracy Chapman; Wild Horses – The Rolling Stones; Marathon – Tennis; Ich war noch niemals in New York – Udo Jürgens; Feeling Good – Nina Simone; Janie's Got A Gun – Aerosmith; Do For Love – 2Pac; I'd Do Anything For Love (But I Won't Do That) – Meat Loaf; Toxic – Britney Spears; Jein – Fettes Brot; If You See Her, Say Hello – Bob Dylan; Painter Song – Norah Jones; Wonderwall – Oasis; Love That Girl – Raphael Saadiq; Der Weg – Herbert Grönemeyer; Am Ende denk ich immer nur an dich – Element Of Crime

eines der schlimmsten Gefühle ist es,
    wenn man als Bürde wahrgenommen wird
als Belastung

wie schwer kann ein Körper werden, wie unscheinbar
sagen wir: wie wenig Sichtbarkeit kann sich der Mensch erhalten,
    wenn

da dieser Wunsch nach Nähe, nach einer Utopie,
    ohne sagen zu müssen:
*winzig und reglos wie ein Reiskorn* (SP)
es ist das schlimmste Gefühl, sich fragen zu müssen,
    wann man das eigene Gewicht
diese Schwere auf der Brust, man nicht mehr das Gewicht
eines anderen (er)tragen kann, das einem aufgeladen wurde
das Gewicht
das (k)ein anderer wahrnimmt, das man selbst dort abgeladen hat

Vaters Leben ist bestimmt von seiner Arbeit
es bestimmte diese erkaufte Zuneigung einer liebevollen Verbindung,
die man sich über Geschenke machen konnte
seine Verhältnisse*

eine Kette, ein Halsband – nein, nein, ein Ring, eine Puppe
*a little plastic heart* oder *polly pocket*

mit der sich wiederholenden Frage:
WIESO

sind da ausschließlich materielle Güter
    und keine gemeinsamen Erinnerungen

** Obwohl der Markt nicht das gesamte Spektrum an Liebesbeziehungen kontrolliert, so hängen doch die meisten romantischen Praktiken direkt oder indirekt vom Konsum ab. […] Konsumaktivitäten haben unsere romantische Vorstellung vollständig durchdrungen. –* Eva Illouz: Der Konsum der Romantik.

diese Objekte ohne persönliche Geschichte,
die man sich im Nachhinein selbst erschreiben muss
die Vater nie miteinschloss außer als Käufer, *trader for love*
Männer kaufen sich Liebe in vielen Formen, sie verstehen sich
im Schenken, im Nehmen wirklich gut,
nur im Geben von Nähe
und Zärtlichkeit oft kein bisschen,
schenk mir deine Aufmerksamkeit, deine Anwesenheit,
kein Geschenk,
das deine Abwesenheit ausfüllen soll
mit Worten wie: *hab dich lieb*
als Floskel auf einer Karte mit der Handschrift
einer der Sekretärinnen
oder den Grüßen per Mail mit Firmenlogo
diesen scheinbar lieb gemeinten Worten als
Händedruck, einen letzten vor der Verabschiedung, ein
*Aufnimmerwiedersehen*

***in unserer Kindheit war es normal,***
dass Mann uns Waffen schenkte
keine echten, so etwas hätte den Bogen überspannt, aber
Softguns und Munition und Krieg spielen war nicht nur
geduldet
es wurde uns fast schon abverlangt: raus mit euch in den Garten
mit ein, zwei Waffen in Händen, ein wenig verstecken
und Treffer eins, Treffer zwei, wieder ein Treffer;
Augen hatten wir uns glücklicherweise keine rausgeschossen,
aber blaue Flecken, Blessuren oder Schrammen gehörten an solchen
Nachmittagen dazu, „ein echter Indianer“ usw.
ich weiß, dass man das heute nicht mehr sagt, aber solche Sätze
hörten wir ständig, heul nicht so blöd rum

halt dich ja mit deiner weinerlichen Art zurück, sei ein Mann,
verdammt nochmal,
und reiß dich zusammen!

ja, ich wusste, dass es *nicht* in Ordnung war zu weinen, selbst
wenn ich es heute öfters tue
nicht in der Öffentlichkeit und schon gar nicht vor anderen
(besonders vor meiner Mutter würde ich es nie tun)
Angelerntes bleibt einem einfach erhalten
immer noch habe ich das Gefühl, mich damit zu schützen
– eine Frau dürfe das, ein Mann nicht –
ich weiß nicht, ob es meine Mutter treffen würde, würde sie meine
Gedanken darüber kennen,
ganz bestimmt aber würde sie die Vorstellung stören,
dass ich manchmal Kleider trage
oder dass ich einen anderen Mann lieben könnte
sei froh, dass du nicht schwul geworden bist
(immerhin ist das Leben leichter, passt man sich
den Gepflogenheiten der Gesellschaft an)
und doch habe ich viele Männer „platonisch" geliebt, nie auf
sexuelle Weise, aber was heißt das schon,
wenn man sich keine Annäherung erlauben durfte, ausschließlich
mit dem Nachsatz: *no homo*
oder wie Freud zu Zweigs *Verwirrung der Gefühle* schrieb:
*warum kann der Mann die physische Liebe des Mannes nicht*
*annehmen, wenn er sich doch auch psychisch aufs Stärkste an*
*ihn gebunden fühlt?*

wieso bleibt einem dieses Herunterspielen aller emotionalen
Zuneigungen immer noch erhalten,
die Mann gegenüber einem Freund hätte haben können oder dürfen –

ich glaube, ich habe mich einfach zu sehr in einem Kreis bewegt,
in dem Emotionalität oder Sexualität nur auf den Lustgewinn
einer Person abzielte oder die Zahl sexueller Partnerinnen reduziert
worden war – irgendwann
wollte man dieses erste Mal mit einem Menschen erleben,
den man wirklich liebt, irgendwann
reichte es aber nicht mehr aus und man wollte mit zehn Frauen
geschlafen haben, mit zwanzig, mit fünfzig usw.
ein Cumshot, ein Abspritzen auf Körper, Brüste, Ärsche,
*come inside of me,*
ich will dein warmes Sperma, eine Kerbe, eine weitere
in den Bettpfosten geschnitzt –
in unserer Kindheit war es normal, dass man uns verbot,
mit Puppen zu spielen
als Kinder kannten wir keine Anatomie, nur
geschlechtslose Plastikfiguren
als Kinder sollten oder wollten wir so sein wie: He-Man,
Batman, Superman oder der Hulk
wie Rambo oder ein Cowboy, someone lonesome *in the desert*
*on a horse with no name* (A) und im Hintergrund spielt es
ein Liebeslied
*heaven knows I'm miserable now* (TS), ein letztes bis zum
Morgengrauen, *high noon* und das Duell unter
der Sonne am Horizont, am Spitz des Kirchturms,
die Schweißperlen auf der Stirn des Revolverhelden,
der Hut im Gesicht und bis an die Zähne bewaffnet
zieh!

## V.*

* 2. Stock: auf Zehenspitzen langsam von Stiege zu Stiege

*keine neue Welt ohne neue Sprache*
Ingeborg Bachmann

ich will in einer anderen Sprache als der meinigen schreiben, will über mich hinauswachsen können, es wenigstens versuchen; vermutlich gibt es da deshalb dieses (Nach)Sprechen, dieses (nicht) ausschließliche Zitieren dieser Sätze, die mir so nah; in keinem Moment dürfen sie vergessen lassen, dass ich lernen, mich annähern möchte, sie von jemandem, zumindest für mich, Besonderen stammen, der mir Abwesenheit als Anwesenheit bewusst macht und wer ich selbst in diesem Verhältnis zu sein habe oder sein will – und nur dann, wenn es dieser Sprache genügt, wird etwas, behutsam, wie ein Satz oder eine Erinnerung an ein Gespräch geheftet; denn ich klammere mich selbst im Schreiben nicht aus, ich versuche mit gleichbleibendem Ernst an jemanden heranzuschreiben, den ich doch mit keinem Satz gänzlich fassen kann, sodass ich immer wieder von Neuem beginnen muss, dass ich immer wieder abgleiche, um mir der Problematik bewusst zu werden, was es heißt, über das Verhältnis zu mir wichtigen Menschen zu schreiben und meine eigene Geschichte in der gemeinsamen Begegnung mit einzuflechten, um ein Ganzes entstehen zu lassen, das nicht nur meine Sicht auf die Welt abbildet, sondern eben auch die Sicht meines Gegenübers, die es dazu braucht ...

***sie***, die Tochter, hatte ihre Mutter in voller Gänze angesehen
wie sie ihre intimste Stelle über der Naht der Jeans berührte
sich im Schritt kratzte, die Nägel, die spitzen, etwas tiefer
in den Stoff drückte
es ist ein eigenartiges Gefühl, wenn man die Mutter
mit einem Fremden sieht, der
nur wenige Stunden im Haus verbrachte (mit der Ausrede, nur
für ein freundliches Hallo gekommen zu sein), ein
Samenspender, Schuldner, ein weiterer Mann, auf den so viele
Beschreibungen gepasst hätten.
jedenfalls alle, die du dir ausgedacht hattest, nur eben kein
*Mann,*
wie du ihn dir an deiner Seite wünschen würdest, selbst wenn
da manchmal eine Anziehung, eine Phantasie war, eine
Vorstellung, wie es wohl wäre, wenn man das Gesicht eines
Fremden berührt –
*whoever you are, I have always depended on the kindness of*
*strangers* (TW), wird sich die Tochter wiederholt sagen.
ich hatte immer gehofft, dass einem das Gegenüber freundlich
gestimmt sei,
hatte auf ein Anerkennen gehofft, ein
Annehmen von Nähe, der Wunsch nach Zärtlichkeit oder
liebevoller Härte
wie sehr einen das Verlangen doch manchmal überkommt
das Stillen des Hungers, wie diese Verschränkung oder
die Vorstellung einer Liebe

manchmal einem Denkmal* gleicht, einer Statue,
einer Skulptur
so unerreichbar schön wie eine Erinnerung, eine innere
Vertrautheit, die es so nie gegeben hat.

* *himeros (griechisch für: das starke Verlangen nach dem Abwesenden)* – Roland Barthes: Fragmente einer Sprache der Liebe.

die Mutter verabschiedet sich, sie legt noch einmal die Hand
    auf den Rücken des Fremden
die Hand des Fremden liegt über den Schultern der Frau,
    deren Namen er spätestens am Abend
nach dem dritten Bier vergessen haben wird
das nähere Kennenlernen schon vorwegnehmend, es ist wie immer:
man küsst sich an der Türschwelle und sieht sich nie wieder
man umarmt sich und sagt sich Schönes, sagt:
man habe es zusammen genossen in dieser Stunde oder den
    Stunden, und kratzt sich noch einmal verstohlen an der
    Schläfe,
wenn man die Türe schließt, wenn sie ins Schloss gefallen ist,
    atmet man aus, vielleicht
zündet man sich eine Zigarette an oder geht zum Kühlschrank für
    ein Getränk
und die Tochter mit den Kopfhörern im Ohr
– man will diese Geräusche aus dem elterlichen Zimmer nicht
    hören –
wird sich fragen: warum einem manches bleiben muss, das dem
    Vergessen so zugetan ist, warum
man sich immer wieder erinnern muss und nicht davon loskommt.
selbst wenn man diese Menschen für anderes so liebe,
    für manches
wird man sie stets verachten

***habe mir die Wollsocken von Großmutter angezogen,***
    die alten gestopften
Wadenwärmer, die mir Mutter im Winter
    über die Füße ziehen wollte
ich war ein Sturkopf, kein leicht zu überredendes Kind,
    ließ mir nichts sagen

hatte meinen eigenen Willen und war nur dann still und folgsam,
    wenn da diese Hand *comme un coup, un fracas, des débris* (HM)
eine Hand, die meinen Körper ergreift, an sich drückt, ein kleines
    bisschen zu fest, dass er nicht mehr aus kann
sich nicht mehr zur Wehr setzt

habe mir die Wollsocken über die Knöchel gezogen, langsam
    bis an die Wanden und einmal umgestülpt
Großmutter hatte immer ein Paar in der Schrankschublade
    im Wohnzimmer
für den Fall, dass es kalt werde oder wenn sie wieder einmal zu
    müde oder zu faul war, den Ofen einzuheizen
– das Holz stapelte man im Keller und sich selbst auf dem Sofa –
im Fernsehen liefen irgendwelche Krimiserien wie *Tatort* oder *Der Alte*
wie *Derrick* oder *Columbo*, Spürnasen, die in den 70ern ihre Anfänge
    oder ihren Peak bereits überschritten hatten
und über die man sonntags bei Kaffee & Kuchen reden konnte
Klatsch & Tratsch und hast du gesehen oder gehört?
als Kind saß ich oft daneben, durfte
vielleicht schnapsen mit den alten Damen,
möglicherweise sogar mit Großvater, wenn er gerade ausgeschlafen
    von der Nachtschicht heimkam und sich dazugesellte
er öffnete sich ein Bier in seinem Feinrippunterhemd, es knackte,
    als er die Lasche ins Leichtmetall drückte
er setzte die Dose auf den Rand des Glases, schenkte ein, es schäumte
halbvoll und goss Wasser hinzu – ich mischte
legte die Karten aus, jede*r fünf und ein Atout aufgedeckt
Pik-Zehn, eine Karte, die man austauschen will (vielleicht gleich mit
    Ansage und dem Risiko: alles oder nichts)
zugedreht und Stich für Stich
die ganze Hand – ein Glück

ich denke dabei an die unterschiedlichsten Begegnungen oder
Verabschiedungen
erinnere mich an Gläser, die einem in die Hand gedrückt wurden,
an das Zuprosten und das Flucht-
achterl und die vielen Sprüche, die man sich hierzulande sagt, um
sich in Stimmung zu bringen: *zur Mitte* usw.
an die ersten Blackouts oder meinen Kopf neben der Toilette
an einen ersten Schluck Erdbeerwein, weil Bier noch ungenießbar,
und an den Weg nachhause:
deutlich zu spät, hieß es also: rennen, stürzen, weil man nicht mehr
ganz geradeaus, und dann die Schrammen, die ersten
Löcher in der Kleidung und die Scham,
die man bei jeder Gelegenheit verspürt

man fühlt sich:
dumm
klein
dicklich
und unsicher

man fühlt sich:
verwirrt
durch die ständige Anpassung

man fühlt sich:
gelangweilt
müde
und sieht sich (ausgeliefert)
als herumhängender Hormonhaufen, in dem
alles drunter und drüber geht

heult und fühlt alles im Übermaß
nur um sich mit einem einzigen Blick zu verlieben
sich in der Vorstellung zu verlieren, sie*er und nur sie*er ist es,
obwohl man unbewusst natürlich weiß, dass es reine
  Einbildungssache ist
dass die Zuneigung einseitig
und man sich wie Romeo oder Werther deswegen
  in den Tod stürzen will
melodramatisch und doch irgendwie nachvollziehbar
jedenfalls glaubt man dieser Verzweiflung.
in den Nächten
will man nicht alleine sein
*it was a feeling I never wanna live in* (H)

doch heute Nacht kennt dich niemand, heute Nacht lässt du dir
  Namen einfallen,
die dich besser beschreiben als dein Geburtsname, die das Wort
  Träumer*in beinhalten
und dich das Augenverdrehen deiner Familie vergessen lassen,
wenn sie dir wieder akribisch deine Haare kämmen:
  *so siehst du besser aus, Kind*
mit gebügelter Bluse und knöchellangem Rock
– aber was heißt das schon, wenn man in Augen blickt, die einen
  nicht sehen
die glauben, einen zu kennen,
aber nie ganz
das Wesen darunter –

heute Nacht bist du endlich du selbst oder jemand,
den du schon lange für vermisst erklärt hast
heute Nacht nennst du dich: Rotkehlchen, Blaumeise,
Buntspecht oder jede Sorte von Glück, die es dir erlaubt,
frei zu sein

heute Nacht spielt es Lieder, zu denen du als Kind
einmal getanzt hast
wovon es Videos und VHS-Kassetten von dir gab,
die du auf MTV oder VIVA gehört hast, auf FM4, eine
Inventur deines ersten Frühlings:
dein Teenager-Ich,
das sich schwindlig küsst hinten am Ecksofa
sich einen Drink erschleicht
sich erwachsen fühlt oder so tut,
als hätte es das Leben in seiner Komplexität verstanden
und ein Kribbeln verspürt, als es Verbotenes tut

*reich mir die Zigaretten*
heute Nacht zeigen wir uns unser wahres Gesicht

heute Nacht steht alles Kopf

# *PERMANENTES (VER)BLÜHEN*

## IV.*

* 3. Stock: das Herz

*amo ergo sum*

Renate Bertelsmann

ich liebe, also bin ich Mensch, fühlendes Wesen, bin Mann*, Frau*, bin oder werde geliebt in aller Geschlechtlichkeit, der ich mich zugehörig fühle, ich liebe, also liebe ich alles und alle und bin darin VEREINT*

* *Ich muss aus meinem innersten Wesen heraus lieben und den anderen im innersten Wesen seines Seins erfahren. Ihrem Wesen nach sind alle Menschen gleich. Wir alle sind Teil des einen; wir alle sind das eine. Deshalb sollte es keinen Unterschied machen, wen wir lieben.* – Erich Fromm: Die Kunst des Liebens.

mein größtes Unvermögen in Liebesbeziehungen äußert sich darin:
sobald ich weggestoßen werde bzw. Zweifel im Gegenüber verspüre,
fliehe ich
in andere Arme
(kämpfe vergebens mit mir selbst)
klammere, sie nehmen mich nicht auf, aber ich bilde es mir ein
und hoffe,
darin Halt zu finden – wir haben ein Problem, denn
*wir sind unsere eigenen Teufel,* schrieb Goethe,
und in der Liebe neigen wir besonders dazu,
uns hinzurichten, denn wenn sie einmal vor uns steht,
haben wir viel zu viele Zweifel, sie anzunehmen,
um eine wirkliche Beziehung entstehen zu lassen;
früher hieß es: das verflixte siebte Jahr,
heute sind wir höchstens noch bei drei
wir investieren nicht in Dauerhaftigkeit, sondern ausschließlich
in den Moment

ich habe so viel von dir gelernt und doch habe ich das Gefühl, dass
alles Gesagte keinen Wert mehr hat
dass der Gedanke als Blüte schon beim Sich-Öffnen
sein Verblühen impliziert,
wenn es einmal die Lippen verlassen
und ausgesprochen
unausgesprochen zwischen uns

und unsere Risse nicht mehr zu verschleiern sind

gerade in jungen Jahren entzündet sich der Funke umso heftiger
spielen die Nuancen an Zuneigungsbekundungen keine Rolle
alle sind gleich, denn der Überschwang ist deutlich zu erkennen

*ich kann vom Umherirren (dem Lieben) nicht lassen,* schrieb Barthes
auch für mich gab es diese Zeit des Schwindels,
diesen ständigen Drang, zu glauben, dass diese drei Worte,
die man so wahllos
von sich gibt, einen Unterschied machen könnten, statt einzuengen

jede gescheiterte Liebe, nennen wir sie: eingebildet
ähnelt sich in dieser Zeit, es sind nur subtile Wiederholungen
der gleichen Situation oder eines Taumels, der am nächsten Tag
wie ein Rausch vergangen ist und nur noch leise nachklingt
wie eine Psychose bildet sich die Angst vorm Alleinsein
nach einer Nacht
der Zweisamkeit und erinnert daran, dass der Verlust, den man
erlebt hat
bloß die Angst schürt, die einem seither geblieben ist:

das Alleinsein, das Zurückgelassenwerden

halten wir nicht aus
wir sind dem Gefühl ausgeliefert
und können nichts dagegen tun, wir müssen
auf eine Weise diese kleine Stelle, diese kleine Stimme
in uns überdecken und die Trauer, die wir wiederholt verspüren,
als überwunden annehmen, wir müssen Vertrauen fassen
selbst nach all unserem Scheitern

***dass in der Geschichte*** *der* (weibliche) *Körper ein natürlicher Teil*
*unserer Gesellschaft ist, hat einst einen Skandal ausgelöst,* sagte Sagan;
bis heute hat sich daran nichts geändert,
jedenfalls nicht im allgemeinen Bewusstsein, welchen Umgang wir
mit Geschlechtlichkeit und Sexualität haben.

wenn der verwickelte Verlauf, die Fäden oder die Menge an
Verworrenheit in *Blumen als*
*phallische Erhebung und vaginale Höhlung*, so Derrida,
dieser Schnitt
einer Päonie, einer Pfingstrose oder eines Storchschnabels am
Wohnzimmerboden, am Fensterbrett
oder dem Küchentisch noch immer zu erröten führt.
stets stand eine Vase parat;
es gilt, das Abgefallene oder Abgestorbene in einer Art zu erhalten,
die Hoffnung auf Aus- und Auftrieb gibt,
und doch ist es bis heute eine Abweichung, wenn man in sich
vollständig gefestigt ist
keine sogenannten „Baustellen" aufweist, keine Risse, eine
Spannung, eine Versteifung in
beiderlei
emotionaler wie körperlicher Hinsicht

das Sein erreichte eine Stufe, die sich über unterschiedlichste
Faktoren definieren lässt
ob in ökonomischer oder spiritueller Hinsicht,
aber nicht in der Beschaffenheit mit sich selbst.
auf Französisch bedeutet *sein* das Innerste oder die Brust
die Geburt von allem oder das Leben in sich tragend, doch
die gesellschaftlichen Normen sind heute, so erscheint es,
erdrückender denn je
sie rauben die Anmut, die der Mensch an sich besitzt
nehmen ihm den Körper (die Autonomie, das Haus, jeden Winkel
dieser Welt), *er ist unser erstes All*, so Bachelard,
den wir tragen – ein ständiges von Innen-nach-Außen,
von Außen-nach-Innen-Wenden, ein Universum, das
zum Vorschein treten könnte

und wie ich deshalb wiederholt gegen Tischkanten
rannte, mir meine Zehen stieß

oder Sachen fallen ließ, da ich sie nicht fest genug hielt*,
da ist ein Abschweifen, ein unkontrolliertes, durch das der
Geist sein Haus verlässt*, der Körper
reagiert nur noch, er ist in einen ärmlichen Zustand verfallen,
nicht mehr vollständig
in seiner Form, nur noch halb an einem Ort
den Zufällen ausgeliefert
nicht mehr zur Selbstbestimmung in der Lage
es gab Tage, an denen machte ich es mir wiederholt
aus reiner Langeweile heraus
Mal für Mal, die Taschentuchbox neben dem Bett stehend,
vertrieb ich mir
mit pornografischem Material die Zeit

wie groß kann die Einsamkeit sein, wenn wir
ständig auf sozialen Netzwerken oder in Chats herumhängen
wenn wir vermeintlich nur einen Swipe, einen Click
davon entfernt sind,
die große Liebe zu finden?

immerhin schien es mir,
als hätte ich von der Liebe ohnehin keinen Schimmer

* ein jeder Bruch weitere Scherben mit sieben Jahren Pech oder Glück verbunden

* wir müssen den eigenen Körper bewohnen lernen. Der gespürte Körper – der einen im Atem in einer selbstverständlichen Weise durch den Tag trägt, ein Selbstgefühl entwickeln, das in der Achtsamkeit mündet.

zahllose Verabredungen, Sex, Überdruss und
    die ständige Wiederholung
der anhaltende Wechsel, ohne viel zu fühlen
ohne sich auf einen Menschen einzulassen

wie sehr wir bloß die Verletzung priesen
unser Stolz oder unser Egoismus überwiegend darunter litt,
dass wir andere Menschen nicht mehr in unser Leben ließen
bloß ins Bett oder schon im Flur die Sachen zu Boden
die Tischkante, die Wand reichte schon aus

und die wiederholte Verabschiedung an der Türschwelle,
    in den Momenten,
in denen man sich noch einmal küsste,
denn insgeheim bleibt die Angst vor dem Alleinsein

die Zuneigung zum Abenteuer,
nur um sich die Verlorenheit als Anvertraute nicht einzugestehen,
    die bedeutungslosen Treffen
mit sich und seinem Gewissen vereinbaren zu können

ich war 16, wird die Tochter sagen, 16 und gerade eine *Frau*
    geworden, hatte meine ersten Male hinter mir, nur der
    Erfahrung wegen
(man bringe es lieber schnell hinter sich, als allzu große
    Erwartungen zu schüren), da sich der Spaß ohnehin in
    Grenzen hält –
und das alles in einem Alter, in dem man nicht wirklich frei ist,
    noch behütet vor der Welt
da draußen: diesen scheinbar haltenden Händen. es jedenfalls so
    gesehen werden sollte –

und ich werde sagen, ich wollte erfüllen
auch hier entstand im gleichen Maße Druck, eine Vorstellung,
der man nicht gerecht wird
wenn da diese Bilder, diese ständige Nacktheit und stundenlangen
Gelage, diese verschwitzte Degradierung

und erst in unseren 30ern werden wir verstehen, wie weit entfernt
wir von uns und unserer körperlichen Errungenschaft sind,
wenn wir uns und unsere eigenen Körper,
die Körper der anderen wirklich kennengelernt haben
wenn wir wirklich verstanden haben
*this is us**

***eigentlich dauert es viel zu lange***, bis wir verstehen, dass wir
selbstständige Wesen sind.
Affen, unsere direkten Vorfahren, begreifen schon viel früher, in
ihren Kindheitstagen, dass sie eigenständig
von der Mutter und ihrer Umwelt existieren, dass sie ein lebendiges
Ich sind, klettern können, fühlen können – der Mensch
steht seinen Vorfahr*innen in dieser Hinsicht nach, nicht auf ewig,
aber

doch ist da um uns herum zu viel Schwerkraft, es fehlt uns der Klang
pumpenden Blutes, der Herzschlag der Mutter, das Fruchtwasser,
der Körper steckt
in keinem anderen mehr, er hat sich seinen eigenen angezogen, sich
herausgelöst aus der Schale, nur begreift er es noch nicht.
deine Augen fallen zu und du kippst rückwärts auf das allzu weiche
Kissen, noch sind Schlafen und Essen deine einzigen Begierden.
kannst dich nicht aufrecht halten, kippst immer wieder um, wenn keiner
dein Körperchen, dein Köpfchen stützt

* *Aber unsere erwachsene Welt ist so arm an primären Gütern, die anthropokosmischen Bande sind in ihr so locker geworden, daß man ihre ursprüngliche Verknüpfung im All des Hauses nicht mehr spürt.* – Gaston Bachelard: Poetik des Raums.

mein Körper ist taub, wird die Mutter sagen, mein Körper ist von
der Hüfte aus abwärts nicht wirklich zu spüren
noch ist da diese frische Wunde und die Beckenbodenschwäche,
dieses Fehlen eines Gefühls
oder irgendeines Reizes

noch haben die Organe nicht an ihren ursprünglichen Ort im
Körper zurückgefunden,
aber eine Angst hat sich gebildet
Schweißränder unter den Achseln, wenn sie auch nur einen Schritt
zu weit von *dir* entfernt ist.
kein Moment, in dem die Mutter nicht darauf hört:
du atmest noch
du scheinst dich noch zu bewegen oder
doch schon im Tiefschlaf – früher
hätte sie sagen können: ich fürchte mich vor nichts und niemandem,
nun erscheint sogar ein Schritt auf die Straße, in den Innenhof
gefährlich
oder mehr noch: jeder Winkel dieser Wohnung

denn *wir sind keine Insel* (JD)
und kommen dem Bewusstsein der Verbundenheit auch nicht aus,
setzt beim Menschen erstmals die Todesangst ein,
diese Sicherheit über das leibliche Ende

die Mutter badet, legt sich ins warme Wasser, taucht ihren Kopf
unter oder hält sich die Hände
an die Ohren, selbst hier kann sie dich hören, wie durch eine
Muschel das weit entfernte Meer, alles spielt ihr Streiche –
doch auch das wird irgendwann vergehen, auch das nimmt
irgendwann sein Ende

wie alles
und trotzdem bleibt einem die Sorge. sie vergeht
erst mit dem eigenen
Tod

***jedes Ende geht mit einem Anfang einher***
so ähnlich hat es Molière gesagt, wie ein eingebildeter Kranker,
    der sich immer wieder neue Ausflüchte wünscht:
ich muss von Neuem beginnen und woanders ansetzen

–

dass ich mir bei unserem ersten Mal schon hatte vorstellen können,
    ein Kind zu bekommen,
vielleicht ja hierbei
und dass sich dieser Wunsch im Laufe unserer Beziehung
    irgendwann verringerte, der Name
verblasste und vielleicht auch die Zeilen, die ich dir einst schrieb.
man nährt sie und füttert sie und denkt,
    dass es nie so weit kommen muss
dass wir wie ein Pelikan unsere Brust aufreißen müssen,
um unsere Kinder (die wir nie haben werden)
    vor dem Verhungern zu bewahren
– sich die Brust wie beim Krauskopfpelikan rötlich färbt* –
dass das gewaltsame Öffnen des Herzens
    ständig mit Seekrankheit verwechselt wird.
wir taumeln
in der Liebe gehört dieses Auf und Ab dazu
dieser unbewältigbare Wellengang, der
    einen gegen die Reling wirft

* die Darstellung des Pelikans, der seine Jungen mit seinem eigenen Blut füttert, geht auf einen antiken Mythos zurück: Während einer großen Dürre drohten die Jungen eines Pelikans zu verhungern. Um sie zu retten, stieß er sich mit dem Schnabel in die eigene Brust und nährte seine Jungen mit seinem eigenen Blut.

das Kurzzeitgedächtnis setzt aus,
wir sind nur noch ein einziger Hormonhaufen
immer ein bisschen zu sehr verwirrt,
auch nach der Geburt eines Kindes,
    liest man die Aufzeichnungen von Ospelt.
anders gesagt: Liebe bedeutet Stress.
Verliebtheit äußert sich über einen Anstieg des Adrenalinlevels
    und des Cortisolspiegels,
der Körper schüttet Stresshormone aus
und wir verwechseln sie mit Glück

–

Albee soll einmal erklärt haben, was er mit seinem Stück
    *Wer hat Angst vor Virginia Woolf?* aussagen wollte:
*wer hat Angst, sein Leben ohne Illusionen zu leben?*
soweit ich es beurteilen kann: ich
auf jeden Fall

***wir haben ein Problem***

wenn Schlangen sich häuten, verlieren sie drei Tage zuvor ihren
    Glanz, sie streifen
ihre oberste, bereits abgestorbene Haut ab.
    deine Mutter, so könnte man sagen,
wollte diese Schicht wieder anziehen – sie verließ dich,
    da warst du gerade mal vier oder fünf,
und kehrte zurück in ein Leben, das es so nicht mehr gab
    – eine Illusion, eine Einbildung, eine Überwindung der
    Erinnerung an die einstige Geburt, an diese erneute *Ent*bindung
die gelegentlichen Schübe an Jugendjahren, an ihr
    mädchenhaftes Gesicht
es könnte wieder so sein wie einst. und wie oft habe ich von dir
    diesen einen (für mich erschreckenden) Satz gehört:
*einmal wirst auch du mich verlassen,* grundlos, nur eben aus einer
    Angst heraus
gesprochen: dieser Vorwurf, ich könnte gehen

kein abgelegtes Unterhemd, keine Umstandskleidung, kein früheres
    Leben, das mich zu sich zog
kein heruntergelassener Slip, den man wieder hochzieht,
der alles auffängt, was unser Körper von sich abgibt.
eine Einlage oder Schutzschicht, die längst rissig ist, zerknülltes
    Papier oder manchmal auch blutig,
so hast du es mir beschrieben, sie kommt ganz unerwartet
*could be my period or just some lubrication,* das kann man nicht
    so genau unterscheiden

beide Flüssigkeiten kommen manchmal einfach so aus dem Nichts,
besonders wenn man denkt, die Periode sei gerade vorbei, und
dann ist sie
es eben doch nicht, wie
ein Hinterhalt: *an ambush*

wir haben ein Problem – vieles ist ambivalent
und man weiß nicht so genau, wie man mit diesen Schuldgefühlen,
dieser ständigen
Übermüdung umgehen soll, diesem Wunsch, sich ausschließlich
für sich Zeit nehmen zu wollen

oder: warum es immer noch so klar erscheint, welche Rolle von
wem übernommen wird
und warum auch die so uneigennützige Liebe, die ein Kind von
beiden Elternteilen braucht, nicht immer
so uneigennützig gegeben werden kann, warum es eben auch den
Wunsch nach einem Ablegen
die Ehrlichkeit, offen zu bereuen, geben muss
diese Sehnsucht nach dem einstigen Ich, das man nun neuerlich
zu finden hat

wir haben ein Problem –
wir haben eigentlich keines

# VII.*

* 5. Stock: der Kopf

Bachmann spricht in ihrer Rede zur Verleihung des Hörspielpreises der Kriegsblinden im Jahr 1959 von *Ent*täuschung, der Realisierung eines Bildes, das sich erst in der Gänze des Sehens und Gesehenwerdens zusammenfügt – auch Illouz spricht im Bezug auf die Liebe und die Vorstellung, die wir von Verliebtheit haben, davon, dass wir im Kennenlernen des Anderen immer eine Art der Enttäuschung erfahren (egal ob über das Online-Dating oder in realita). Das Bild*, das wir auf Profilen von uns preisgeben (oder über unsere Kunst), ist kein reales, es ist eine Art der Übersetzung oder der Übertreibung, die im Zuge eines realen Treffens bzw. eines näheren Kennenlernens entzaubert wird. Die Phantasie, die wir uns zuvor aufgebaut haben, wird als solche offengelegt und uns selbst dadurch bewusst. Denn innerlich streben wir nach mehr, als wir sind oder haben, und fügen diese Vorstellung in unsere selbstgeschaffene Fiktion ein; wir spielen mit dem (Un-)Möglichen und weisen uns selbst, als die Person, die wir wirklich sind, zurück. Illouz fragt deshalb: *Welche Beziehung muss das Reale zur Phantasie einnehmen, damit es auf so durchdringende Weise enttäuschen kann?*

* was in den Bildern ist, ist unberührbar; denn in Wahrheit blickt uns aus dem Smartphone niemand an, nur bunte Pixel.

Die Illusion, die Albee anspricht, fügt sich in eben jenes Bild. Er thematisiert damit die Rolle von Illusionen in unser aller Menschenleben. Er zeigt auf, dass Illusionen dazu dienen, die Realität zu verdrängen oder zu verändern, um mit den Herausforderungen des Lebens besser umgehen zu können. Insofern gehören Illusionen zu unserem Leben. Mehr noch, sie sind regelrecht notwendig, denn wir leben in einer linearen Zeitachse; keiner zyklischen, die den Stillstand kennt. Und diese ist ausschließlich auf Selbstoptimierung ausgelegt und erwartet daher ein ständiges Agieren und Reagieren auf alles, was um uns herum passiert (auch wenn es außerhalb unserer Möglichkeiten und unseres Wirklichkeitsbereichs liegt).

Vermutlich ist das unbewusste Ich daher präsenter denn je (es ist in uns allen vorhanden) und besteht in automatisierten Reaktionen auf die Welt, die sich wiederum unserer Kenntnis entziehen. Es steuert uns in einem Maß, das wir nicht kontrollieren können, und wir scheinen schlicht schlecht darin zu sein, die entsprechenden Reaktionen, die es uns gibt, zu lesen, zu verstehen oder sie gar vorherzusagen, wie Illouz an einer anderen Stelle anmerkt. Wir sind daher dem Unbewussten ausgeliefert, könnte man sagen, obwohl wir ständig alles verstehen und dekonstruieren wollen. Selbst vor der Liebe machen wir dabei keinen Halt. Sie ist nur zu einer weiteren Erklärung aus hormonellen und körperlichen Reaktionen verkommen, die u. a. von Stress zeugen.

Ganz grundsätzlich kann man also sagen, dass wir in einem ständigen Widerspruch leben, denn die Enttäuschung ist ebenso wie die Illusion zu einem Grundgut in unserer Gesellschaft geworden. Wir können nicht mehr ohne die Illusion und wollen doch selbst diese verstehen und dekonstruieren; denn das Träumerische wurde durch unsere Furcht vor dem Unbewussten verabschiedet – Amors oder Eros' Pfeil wurden ersetzt und von der Wissenschaft und dem Konsumnutzen abgelöst –, doch für die Liebe, so denke ich zumindest, gilt dies nicht (selbst wenn wir glauben, sie, die Liebe, durch die Wissenschaft erklären/relativieren zu können).

***bei dir war es Mutter, bei mir war es Vater***
in beiden Fällen: (her)ausgelöste
Verlustängste und wie ein Kleidungsstück abgelegt
in der hintersten Ecke des Kastens,
um nicht andauernd daran erinnert zu werden: schau hin
– den Saum von außen nach innen gefaltet, den Rock über die Mitte
halbiert, sodass ein Rechteck entsteht, und einrollen –
*there is a new hype and she's called Marie Kondō,*
die unser Leben sortiert und uns erklärt, was *life-changing magic*
bedeuten kann

was aber heißt es, die eigenen Kinder auszurangieren?
und in welche Boxen wurden sie gesteckt, welche Methoden
des Vergessens stehen dahinter?

–

jede Prägung nimmt Einfluss auf uns
bei dir waren es Männer, an die du dich anlehnen wolltest,
bei mir waren es Frauen,
die mich schon in der Nacht hinaus-
zitierten – wir suchten
nach Sicherheit
und zerbrachen daran

Stepanova schreibt: *die Mädchen ohne Kleider haben fast immer*
*Kleider an, das macht sie noch*
*Entkleideter*

–

ich frage: wie viele Schichten braucht es,
um sich endlich nicht gänzlich nackt
und ausgestoßen zu fühlen?
wie viele layers sind die richtige Anzahl,
um sich selbst endlich loswerden zu können?

***nichts von alledem ist neu***
und wir keine Einzelexemplare, keine *special edition*,
oder haben Sonderstellung
in der Gesellschaft gehört es dazu, dass
Menschen sich scheiden lassen, dass
Menschen verlassen oder verlassen werden, dass
es manchmal aktive und passive
Widerstände gibt, aber eben auch die Prägungen, die
wir nicht gänzlich abzulegen vermögen –
du hast auf mich etwas projiziert
und ich habe es im gleichen Ausmaß auch auf dich;
denn ein jeder Verlust heißt letztendlich
*zurückgelassen werden.*

eine Berührung, die keine mehr ist, die niemals auch nur die
Chance hatte, zu einer innigen zu werden

manchmal gibt es Vorstellungen, die einfach nicht erfüllt werden
unbewusst hätte ich dir vermutlich gern gesagt:
unsere Liebe hält ewig
(sogar als ich wirklich noch daran glaubte,
hätte ich mir diese Worte wohl dennoch verbissen)
nur eben: *these three little words*
*over time overheard and overused* (LLH)
für diesen Moment, diesen Tag und die vielen Wochen davor;

nie wäre mir eingefallen bei diesen Bekundungen zu lügen
oder zu heucheln
und doch zwang mich *meine* Verlustangst dazu,
auf Distanz zu bleiben, für den Fall:
*me,*
*being*
*a rolling*
*stone*

***irgendwie hatte es etwas Tröstliches***, dieser Gedanke an eine
Sprache, ein Englisch, in der sie, die Tochter, atmet:
auf Grund einer Passion, die ihr das Atmen abverlangt,
wie eine Sprache es tut,
wenn man in der eigenen die Anknüpfungen nicht mehr findet.
Sie löst die Knötchen im Hals und lässt die Worte zu,
in dieser Sprache, in der man zu leben wünscht:

*I miss you*

oder *if I could turn back time* (C), aber da ist zugleich
immer auch dieser Wunsch
zu fliehen
was sind schon Wolkenfelder,
wenn sie von Bergen beackert werden können
wenn wir von (Un)Möglichkeiten reden und dabei wissen,
dass 9.000 Höhenmeter nicht unerreichbar sind. Wenn wir
Wolkendecken durchbrechen, dann ist alles möglich

da ist ein Vertrauen und ich weiß,
    dass du anderswo glücklich werden wirst
ich weiß, egal wo es ist:
es wird mit einer grazilen Landung passieren

***mittlerweile sind wir in das Alter unserer Eltern gekommen,***
    ***als sie uns bekamen***
irgendwas zwischen zwanzig und dreißig
und zur Frage: was fangen *wir* eigentlich mit unserem Leben an,
wenn nicht auch, *uns* zu vermehren!
das ist der Lauf der Dinge.
wenn sich die Hände berühren und sich immer weiter angleichen,
wenn wir den Schmuck der (Groß-)Eltern tragen,
    die Ringe, die Uhren, die Ketten
oder das Kleid, das ich dir schließe, indem ich den Reißverschluss
    deinen Rücken entlangfahre
du vor dem Spiegel, ich dahinter mit meinen Händen
und aus dem Radio klingt Elton John

was verbirgt sich hinter unserem Wunsch
und warum fühlen sich unsere Körper manchmal so einsam an,
selbst wenn wir beieinander liegen und miteinander schlafen
wenn wir das Vögeln darin unterscheiden, ob wir uns gerade wollen
oder nur wegen der Idee eines Kindes
can you feel the difference
oder nur die Vorstellung eines ausgefüllten Lebens im Halbdunkel
ist es so einfach, sich auszuziehen und aneinander
    die Lust auszulassen
jede Pore sehnt sich nach *Blue Velvet*
oder zu *NYMPH()MANIAC* zu masturbieren
nach einer Illusion: *you're all I've ever needed* (EJ)

jedenfalls in dem Moment brauche ich deine Lippen
deine Hände, die meinen Rock höher schieben, den Zipper öffnen,
    und deine Zunge
auf meinem Körper, sollst jede Narbe entlangfahren und mir sagen,
    was du schmeckst
manchmal fühlt es sich auf dir so an, als wären wir auf Seegang
*I love you*, was auch immer das in Lustmomenten meint
wie oft haben wir diese drei Wörter schon gesagt und nichts anderes
    damit ausgedrückt als
*ich will dich* und deinen Körper bis zum Orgasmus
bringen

mittlerweile sind wir in einem Alter,
    in dem uns diese Vorstellung nicht mehr schreckt
wenn wir vor solchen Entscheidungen stehen wie

(sollen wir es bekommen oder nicht?)

VIII.

*his smile widens, his soul remembering his love*
[...] *even if his brain can't comprehend*
Lubi Barre

wir finden uns in Kindheitstagen, in einer unendlichen Wiederholung, vielleicht aus einem Wunsch oder einer Hoffnung heraus, von dort aus Situationen oder Gefühle, die wir gerade empfinden, erklären zu können; mining the past always affects the present, aber wie gehen wir damit um, wenn uns das Ursprüngliche oder die Erinnerung daran verlässt, das Herz aus dem Takt +gerät, nur für einen Halbton, oder es weiter nun im Offbeat schlägt und keine Erklärung mehr zutreffend ist?

ich habe immer versucht, dich zu verstehen und über deine Reaktion mich, und was ich in dir ausgelöst habe, ob im Positiven oder Negativen – wir können noch so behutsam mit unseren Worten und Taten umgehen, manchmal verlässt uns das Feingefühl und das Brachiale bricht in uns durch. Ich frage mich, wie viel ich falsch gemacht habe oder ob die Momente, in denen wir uns heute sehen, nur eine weitere Schieflage in unserer Geschichte sind, aber ich möchte glauben, und hierbei bitte ich um deine Korrektur, dass die Zeit, die wir miteinander verbracht haben, richtig war und wie weit unsere Trennung Spuren gezogen hat – manchmal setzt die Liebe ihre Pfeiler, setzt Litfaßsäulen (mit der Ankündigung: Ende aller Himmelsrichtungen) und begrenzt zeitlich unser Empfinden: bis hierher und nicht weiter – manchmal kennt die Liebe keine Grenzen und wir verlieren uns ebenso in ihr, verirren uns, orientierungslos, oder sind gleichsam dem ewigen Glück ferner als in der Begrenzung, die uns zuvor so kundig war.

Bachmann schreibt: *„Wir haben die Erfahrung gemacht, dass es so, wie wir es mit* [der] *Liebe versucht haben, nicht gehen kann.“* – manchmal ist das die schlimmste Erkenntnis zu wissen, dass wir es auch nicht hätten anders machen können.

# *PORÖSES*

wie viele Herzen braucht es, um sich einzugestehen,
    dass uns die Übertreibung besser steht als die Wahrheit?
in Chats und Messengers und einer Liebeserklärung zu viel,
    was unser Ende längst vorhersagt, bevor wir realisieren,
    dass sie es ernst meint
mit dem *breakup,* und unsere Tränen, die wir hinter
    auflachenden Smileys verbergen

wir spielen weiter unser Spiel,
    nur werden wir nicht voneinander gefunden
weil niemand den anderen sucht
bleiben in unseren Verstecken und können der Einsamkeit
    nicht mehr entgehen,
die zu einer Ortsbezeichnung oder einem Mahnmal für
    die Liebenden geworden ist
die uns entlarvt und uns eingestehen lässt:
    wir haben unsere Gegensätze aufgedeckt

und nichts weiter gefunden als: *there is no match after all*

eigentlich wollte ich dir schreiben, was uns einmal verband.
alle Nachrichten und Fotos und sogar die Mails
in unserem Archiv, *dust out*
*the demons inside* (EJ), ich habe die Pflanzen
entwurzelt und in den Hof hinuntergebracht, dachte daran, sie
    vom Balkon zu werfen und uns aus dem Bilderrahmen.
ich habe deinen Ohrring gegen einen anderen getauscht und auch
    das dunkelgrüne Cordhemd unter den Wintersachen im Schrank
    vergraben, ich habe versucht, uns zu vergessen;

aber was ich dir wirklich schreiben will, sind die Gedichtzeilen,
die immer noch an dich gerichtet sind
die Fotos von Innenhöfen oder *puppys,*
die dich zum Lachen gebracht haben
und dir vom *Vermissen* erzählen,
was meine Finger nicht mehr zu tippen im Stande sind

–

es ist 22.43 Uhr
meine Nachricht zeigt nur ein Häkchen
noch hänge ich in der Warteschleife
und hoffe auf

*relief*

***auf dem Flur des Wohnhauses stehen Kinderwagen***
neben Fahrrädern und anderen Anhängern, der Sonnenschutz ist
zurückgeklappt und man sieht in einzelne Buggys hinein
in einem davon sitzt ein Stofftier, wie vergessen, ein kleiner gelber
Bär mit bunten Aufnähern an den Sohlen und einer Masche
um den Hals
ich mache ein Foto davon und frage mich,
in welcher Sprache zu ihm gesprochen wird,
ob gebrabbelt oder in verständlichen Sätzen eines Kindes, das
den Schlaf zusammen mit ihm sucht

auf meinem iPhone taucht die Stimme meiner Mutter auf,
heute wirkt sie müde und grau
und in Falten gelegt und unser Gespräch einstudiert:
hallo, wie geht's?

gut und selbst?
diese ewig gleichen Reaktionen, wir kennen uns zu gut und hören
alles Ungesagte aus den Zeilen dazwischen heraus
niemand aber spricht es an – man respektiert die Stille oder das
Stummsein und nickt ins Leere, wo kein Gegenüber steht, und
spricht
wieder ins Handy hinein, einige Sätze, die nicht viel aussagen, und
verabschiedet sich danach

ich schicke meiner Mutter, aus welchem Grund auch immer,
das Foto mit dem Bären im Buggy und tippe noch:
hätte ich mir auch einmal gewünscht,
lösche die Nachricht aber sofort
nun steht in unserer WhatsApp-Konversation nur
*message deleted*

...

(es findet eine Versetzung von einem Ort der Innigkeit
in einen Ort der Entfremdung statt)

mittlerweile ist es Oktober geworden, die Sonne scheint, aber
    der Wind zieht durch die Straßen,
als wollte er jeden Winkel der Seitengassen vom Laub befreien,
    auf die Hauptverkehrsader schleudern
und von Autos überfahren lassen – ich höre deine Stimme, inwendig,
    und die Sätze, Fundstück um Fundstück,
die nur du zu sprechen im Stande bist:
*dass jemand Mitleid mit meinem Leben hat, ist eine Erniedrigung,*
    *der ich nicht ausgesetzt sein will*

und ich denke, aber glaube mich darin auch zu irren, dass ich nie
    Mitleid mit dir und deinem Leben hatte,
immer im Stande war, zu unterscheiden,
    was meine Gefühle für dich anging,
sodass ich dich so sehen und lieben konnte, wie du warst, aber
ein Teil von mir versprach sich dabei:
    ich will doch für dich derjenige sein,
der mit all unseren Höhen und Tiefen
umgehen kann,
ohne müde zu werden, derjenige,
der Einzige zu sein,
        der an uns glaubte

man ist schlussendlich eben sich und seiner Familie nicht enthoben,
    auch nicht seinen Prägungen oder den Vorstellungen,
wie man sich zu verhalten habe. wie oft habe ich in meiner Kindheit
    gehört, ein jedes Lebewesen sei mit Bedacht und Umsicht zu
    behandeln!
gleichzeitig wusste ich aber, dass ich mit jeder Form des Umhegens
    eine weitere Decke um dich spannte

** Man will das Sein fixieren, und indem man es fixiert, will man alle Situationen transzendieren, will es in eine alle Situationen umfassende Situation versetzen. Man konfrontiert dann das Sein des Menschen mit dem Sein der Welt und meint damit an eine ursprüngliche Gegebenheit zu rühren. –* Gaston Bachelard: Poetik des Raums.

eingepackt in sorgsame Hüllen*, denen ein Entwinden
irgendwann nicht mehr möglich schien,
und ich mich dadurch weiter entfernte, ohne
an dich heranzukommen

und ich weiß, ich habe zu dieser Emotionslosigkeit beigetragen,
die sich im Laufe der Jahre bei uns einstellte

der Wind, der uns zerstreute, in alle Richtungen und Sinne,
weht mir nun ums Gesicht – ein nichtsdestoweniger deutliches
Gefüge an Erinnerungen
*our hearts didn't go that way* (79.5) und du
bist nicht mehr hier und ich bin ebenso wenig bei dir

mittlerweile ist es Oktober, einige Tage sind vergangen, seit ich
diesen Absatz zu schreiben begonnen habe
heute regnet es und der Herbst ist eindeutig zu spüren

zum ersten Mal in diesem Jahr, und die Vernunft setzt immer
weiter ein, die unsere eindeutige Grenze darlegt
die Spannweite – die tagtäglich nachlässt – ist lasch geworden
nicht gerissen, aber doch von uns abgefallen wie ein Kokon, dem
wir entschlüpft sind
er liegt vor uns und wir haben wie in unserer Kindheit
den Schritt hinaus gewagt
wie über einen Reifen hinweg, ein Sprung von Scholle zu Scholle
Himmel und Hölle
alles hinter uns und auch den Wahnsinn, will ich sagen

mittlerweile ist es Oktober und wir schon jahrelang kein *Wir* mehr später Abend:

wenn ich so sitze und es aus den Lautsprechern
    *In the Mood for Love* von Shigeru Umebayashi spielt,
hallt meine Einsamkeit im Schreiben nach, es entstehen Zeilen
    oder sagen wir besser: Zeiten,
in denen sich mein Körper zu sehnen beginnt, sei es nach
    einer Hand oder einem Kinn, das sich in die Kuhle meiner
    Schulter legt
das ganze Gewicht in mein Schlüsselbein gedrückt; und doch wird
    mein Körper immer vergesslicher,
wäre dankbar für die *Ent*fremdung und möchte nicht mehr an
    die Nächte denken, in denen wir uns vorlasen
von *Blumenstängeln* oder den blühenden *Rosen* Kräftners

Ich habe immer gedacht, dass wir uns darin trafen,
dass dieses Begegnen, so wie wir es uns erhofften,
    wirklich möglich sei
und nicht dem Verpassen angetan
zu einer Zeit – auch wenn ich nicht an falsche Momente glaubte –,
    die uns sagte: was wäre gewesen, wenn ...

das Tippen dieser Zeilen stößt sich an der Stimmung
schmiegt sich dem Verpassen an, dem versehentlichen
    Ausbleiben von allem,
was einem so vertraut schien – ich kann nicht weiter
    als bis zu dem Zeitpunkt dringen,
der einmal uns gehörte, und mich dann wieder verschreiben –
    Tippfehler um Tippfehler
schleichen sich in den Text ein, eigentlich muss ich sagen,
    ich weiß nicht, wie die Sätze gehen,

aber der ständige Versuch gehört einfach zu mir, wie das Bild
im Spiegel, dieses einstige Ich, das sich und das eigene Selbst
verkennt
(obwohl ich es doch wirklich bin)

vielleicht hast du damals etwas in und an mir gesehen, das ich nie
zu erfüllen im Stande war
vielleicht ging es mir bei dir ebenso, ich weiß es nicht.
wobei ich im gleichen Atemzug sagen möchte: verzeih, mein
Unwissen ist größer als ich selbst

IX.*

* 4. Stock – der endgültige Weg weg vom Herzen

Angesichts der Absplitterung:

reduzieren wir die *Liebe* nicht auf familiäre oder liebende Paar-Verhältnisse (sondern verstehen das Substantiv als Verb, als Handlung innerhalb einer Gesellschaft, die sich über eine wohlwollende Haltung definiert, die wir an jemanden herantragen und die an uns herangetragen wird), beginnt ein erstes Formen; ein Tapsen oder Krabbeln auf allen vieren, mit jedem Schritt. wenn unsere Sandalen leise tappen und wir den Laut eines Steinchens, das unter unserem Schritt erzittert, springt und seinen Mantel aus Staub abwirft, wahrnehmen oder sich dieses gar anheftet und uns seine Prägung hinterlässt, wie wir im Staub der Straße Abdrücke, Eindrücke hinterlassen. vor Jahren habe ich einmal von dieser Schicht geschrieben, *wir gehen Herzen in den Staub*, durch ein Verlesen in Gedichten Bachmanns. vielleicht hatte ich damals schon die Trauer als mächtigste aller Kräfte begriffen, mehr un- als in vollem Bewusstsein: sie wird uns lähmen und uns in dieser Lähmung gegensätzlich das Leben lehren; ein Blick / zurück / wie Orpheus / es nicht lassen kann – auch ich hätte nicht wissen wollen, dass der Blick zurück für das Fortschreiben eine Bedingung darstellt, und doch gestehe ich ein:

erst nach der Überwindung unserer Trennung sehe ich das Schicksal, die Augenringe, den Schatten. ich hatte schlichtweg vergessen, was es heißt, für jemanden da sein zu wollen, sich um jemanden zu kümmern, abseits der eigenen Probleme; ich zücke wie gewohnt mein iPhone und denke an Martynova *via Wi-Fi ins Nichts:*

gehe gewohnt meine Apps ab und schließe den Bildschirm
mit einem click

***meine größte Befürchtung ist meine Unfähigkeit***, unserer
Zweisamkeit sprachlich gerecht zu werden.
wie kann ich dich denken und wie
kann der Schmerz so sehr im Körper verankert bleiben?*

wie bricht er sich den Weg durch jede Pore, die uns einst verband?
*now that I'm free / I've got no one / and no one's waiting for me* (BSD)
denn es bleibt eindeutig die Problematik eines jeden Schreibenden,
der über jemanden schreibt,
sei es aus Liebe, Ab- oder Zuneigung, jedoch immer aus
Einseitigkeit. und doch
wäre in diesem Fall die eigene Sprachlosigkeit das größere Vergehen
gegenüber jener Person, die sich nicht äußern kann.
it's easier to see the beginning of things than seeing the end
und es ist noch viel einfacher, sich diesem Ende zu verweigern,
sich ihm nicht entgegenzustellen,
es zu verdrängen und zu hoffen, dass
es ganz von alleine vorübergeht

es ist gerade 18.01 Uhr, noch scheint die Sonne und es hat frische
16 Grad für einen Sommertag im August
seit Monaten haben wir kein Wort mehr gewechselt – da ist immer
eine Leere, wenn ich zu tippen beginnen will,
immer dieses Gefühl, dass jedes Wort, das ich dir schreibe,
falsch sitzt,

** Das Sein läßt sich nicht umreißen. Es wird nicht vom Nichts umsäumt. Man ist nie sicher, es als festen Körper zu finden oder wiederzufinden, wenn man sich einem Seinszentrum nähert. Und wenn es das Dasein des Menschen ist, das man bestimmen mochte, dann ist man nie sicher, sich selbst näher zu kommen, wenn man in sich selbst ‚heimkehrt', also sich zum Zentrum der Spirale hinbewegt; oft ist das Sein ein Schweifen […] gerade im Herzen des Seins.* – Gaston Bachelard: Poetik des Raums.

aber heute trägt mir der Wind die Worte wenigstens davon,
sodass ich sie nicht länger bei mir behalten muss
und ich kein weiteres Archiv aus
unbeantworteten Nachrichten anlege

***im offenen Gang zur Wohnung*** stehen wir und sehen
die Jahre an den weiß gestrichenen Wänden,
an jedem Dübel, jeder Diele,
deren Schramme überdeckt, mit jedem Nagel,
den wir aus der Wand gezogen haben, wie Splitter
eines Einschlags

man sagt: jede Wohnung trägt die Maske eines Paares,
das einmal darin gelebt hat, und ich denke an all unsere Erlebnisse:
an unser erstes Mal auf der Bodenmatratze und
unsere zittrigen Finger
an den Hemdknöpfen, die sich nicht öffnen ließen,
die verlorene Balance
durch das Herausschlüpfen aus Hosen, ans Gleichgewicht und
die Geduld.

es ist Sonntag
und man weiß nicht, welches Wetter draußen ist,
die Jalousien sind geschlossen
und die Vorhänge davor zugezogen – zwei Schichten,
die jegliches Eindringen abhalten
jeden Vogelsang, jeden Ast, der an die Fenster schlägt,
und die Geräusche
aus dem Innenhof, das Bellen der Hunde, die auf Wiesen spielen,
und das Trampeln in den oberen Etagen. man hält sich fest
an Decken, unter Nähten, an der Haut oder der and'ren Hand,

die sich langsam löst,
und versteht,
beginnt zu akzeptieren, dass man auch dies geworden war:
langweilige Tage ohne Anziehung
ein Minenfeld, das man viel zu präzise
auszulösen weiß, ein Zimmer
für sich allein, im Bett sind wir, was wir niemals wollten
ein Paar,
das sich verweigert, faul auf seine Bildschirme starrt
    und die Welt um sich
vergisst, die Rücken zugewandt
und nun:
der offene Gang, der Vorraum ist leer, die Kommode,
die mit Pflanzen bestückt war, ist umgezogen und auch der Baum

mit einem einzigen Schritt: ENTWURZELUNG
jedenfalls fühlt es sich so an

        es ist Montag
und der Schlüssel vom Schlüsselbund gelöst
in andere Hände gelegt
wir unterschreiben und wissen: es ist nichts mehr, wie es war

***Vögel werden von einem bestimmten Grad an Helligkeit geweckt***
sie öffnen die Augen, die Schnäbel, sie zwitschern
es sind achtzig Minuten bis zum Sonnenaufgang, siebzig, sechzig usw.
die Zeit lässt sich danach einteilen, welcher Vogel wann singt
Gartenrotschwanz, Singdrossel, Kohlmeise, Stieglitz
heute
bin ich seit langem wieder mal kurz vor Sonnenaufgang aufgewacht

zum ersten Mal ohne dich, es fühlt sich kalt an
in der neuen Wohnung
ist die Heizung über Nacht immer abgedreht
daran muss ich mich erst gewöhnen
ich hülle mich in die Decke und gehe zum Fenster
die Sonne lässt sich als leichter Schimmer
    am Ende der Häuserflucht erkennen
noch leuchten die Laternen heller und der Mond

Trauer ist wie Liebe, fordernd und egoistisch
sie weiß, dass es kein Zurück mehr gibt,
will es aber in Gedankengängen versuchen

zwei Fenster
mir gegenüber zeugen von Licht und Leben
es muss gegen fünf Uhr Früh sein, die
    Nächte werden mittlerweile kürzer
und die Tage etwas länger, ich öffne das Fenster,
    um den leeren Straßen zu lauschen,
die sonst so befahren sind, ich höre aus der Wohnung nebenan Musik
oder auch nur den Fernseher etwas zu laut dröhnen.
die kalte Luft ist mir zu dieser Stunde zu viel,
ich schließe mich dichter in die Decke ein und
sehe mich selbst im Schatten der Nacht:
ich sehe die Augenringe
und weiß, es war richtig,
selbst wenn es schmerzt

innerlich hatte ich mich auf alles vorbereitet,
    so schien es mir jedenfalls,
aber nicht auf deine Abwesenheit

ich lege mich wieder hin und zähle die Nächte
ich zähle in Gedanken alles auf,
was du für mich gewesen bist

ich schlafe ein, weil ich nicht mehr kann

*Songbook II.*:* Yesterday – The Beatles; A Song For You – Donny Hathaway; My Guitar Is Too Loud – Black Sea Dahu; Heaven Knows I'm Miserable Now – The Smiths; Say It Ain't So – Japanese Breakfast; What You Don't Do – Lianne La Havas; Not So Fast – J. Hoard; CRY – Julia Jacklin; Soul (Hidden Track) – Sam Cooke; On The Floor – Perfume Genius; Drown In My Own Tears – Ray Charles; Bang Bang (My Baby Shot Me Down) – Nancy Sinatra; Love's The Worst – Florence Arman; Heartbreaker – Alabama Shakes; My Death – David Bowie; Godspeed – James Blake; World Spins Madly On – The Weepies; Ghost Of You – Curtis Harding; One Point Perspective – Arctic Monkeys; Smile – Jungle; Comingback – Parcels; Dreams – Fleetwood Mac; Because The Night – Patti Smith; Boys Will Be Girls – Keir; Beautiful Brown Eyes – Solomon Burke; Disappointing Diamonds Are The Rarest Of Them All – Father John Misty; Belly Of The Beast – Watchhouse; Sky Full Of Song – Florence And The Machine; Mambo – Lucio Dalla; Second Sweat – Faux Real; I'm Not the Only One – Sam Smith; Kissing A Fool – George Michael; Some Velvet Morning – Lee Hazlewood, Nancy Sinatra; Pink Rabbits – The National; A Horse With No Name – America; Only Takes A Night – The Dø; If I Could Turn Back Time – Cher; Bernadette – The Kinks; Long Distance Love – Little Feat; O Telefone Tocou Novamente – Jorge Ben Jor, Trio Mocoto; Cut me – Moses Sumney; Our Hearts Didn't Go That Way – 79.5; I'm Still Standing – Elton John; Seven Hells – Brown Bird; Arbeit – Oehl; Home Again – Michael Kiwanuka; Mi Negrita – Devendra Banhart; Triste Vals – Yasmin Levy; Somebody To Love – Queen; Starfish And Coffee – Prince; The Way – HAERTS.

* auch du bist in mir zum Songbook geworden, auch du bist für mich reinste Musik

** Jeder Zustand, der permanent ohne Objekt ist, führt zur Erfindung.* – Elaine Scarry: Der Körper im Schmerz.

körperliches *An*denken* (Part II.)

I.

jeder Akt der Anerkennung setzt einen Akt
des Erkennens voraus,
eine durch Dankbarkeit bezeugte Handlung,
die dem Gegenüber er-
und beweist, dass man gesehen wird, denn
*Liebende bejahen gegenseitig ihr Dasein*, so Ricoeur.
Aufmerksamkeit bzw. Achtsamkeit ist dabei
die wichtigste Haltung,
die man als Mensch aufweisen sollte,
denn die alltäglichen Vorkommnisse
(die die Verletzung mit einschließen)
gehören zum gegenseitigen Umgang dazu;
denn dass *jemand direkt das Böse will* (HA), kommt selten vor
so die Vermutung, viel eher passieren Unachtsamkeiten, die
das Gegenüber im Wesen kränken bzw. verletzen.

es ist immer ein Wagnis, sich auf Beziehungen einzulassen;
niemand gibt einem die Garantie, dass sie ewig halten,
auch wenn man es während der Zeit immer wieder beteuert.
man versucht in der Ehrlichkeit, die man aufbringt, zu sagen:
*für immer, versprochen** und doch weiß man, dass dieses
Versprechen nicht auf ewig sein muss.
trotzdem wäre es falsch, den ständigen Zweifel,
ob es nicht doch zu Bruch gehen könnte,
auf Dauer aufzuhalten und im Gegenüber damit
wiederholt die Kränkung auszulösen;
durch die Unsicherheit, mit der wir täglich kämpfen.

** Liebende […] haben zwei Begehren, deren eines ist, sich so sehr zu lieben, dass sie ineinander aufgehen und eins sind, und das andere, sich so sehr zu lieben, dass ihre Einheit keinerlei Schmälerung erfährt, selbst wenn die Hälfte des Erdballs zwischen ihnen liegt.* – Simone Weil: Oeuvres.

sie ist in uns vorhanden, ob wir wollen oder nicht –
jeder Körper kennt sie und kann sie für sich selbst benennen,
ich habe deine kennenlernen dürfen und du die meinige

auch wenn die Verletzung tief sitzt,
    wir werden es nicht bereuen,
denn die Begegnung ist kostbarer
    als jede Trauer über die Trennung selbst.

II.
Schmerzen sind für jeden Menschen ein Zeichen von
    Gewissheit über seinen eigenen Zustand,
man kann sie nicht verleugnen, dafür sind sie zu überwältigend

als Kinder waren wir in unseren Gefühlen
    stets ehrlich miteinander
in der Jugend überschwänglich bis völlig zurückgezogen
im frühen Erwachsenenalter dann übertrieben gelassen
und später wieder direkter

und doch
muss man sagen, dass die Möglichkeit, sich als Subjekte
    neutral und ohne ständiges Mitdenken von (möglichen)
    Verhältnissen oder Hierarchien
zu begegnen,
immer noch nicht gefunden ist,
denn noch können wir uns auf Sätze berufen wie:
wer seinem Gegenüber die Hand reicht und davon ausgeht
dies auf völliger Augenhöhe zu tun
verleugnet seine eigene Erziehung
oder: wer fühlt, versetzt die Welt in Ungleichgewicht

denn noch sind wir es nicht gewohnt oder haben
die Sprache der Anerkennung
die Sprache des Verzeihens
an sich nicht erlernt

wir stehen noch am Anfang
aber wir geben uns Mühe

III.
*dass der natürliche Ort der Vorstellung der Kopf*
  *zu sein scheint,* so Scarry, *ist nur eine Gewohnheit,*
  welche wir ablegen können,
denn auch der Körper ist zur Vorstellung von
Empfindungen geschaffen

IV.
über den Körper
die Tiefe der Wesensschicht also
die Möglichkeit, über sich und
über die Tage am Fenster, mit Blick durch das Fliegengitter
in die Weite, zu schreiben:
überall ist etwas von dir verstreut.
ich muss
das Mädchen herauskramen,
das auf diesen Feldern, auf den Wiesen
Straßen und Gassen spielte.

ich muss
die Tochter wiedersehen, um ihr zu sagen
du wirst alles erreichen, was du dir erträumst

die Tochter sieht sich, ihren Körper, jede Falte
jedes *Röllchen*, jeden Riss an der Haut
(und sei er nur dem Wachstum geschuldet)
sie sieht sich und zu wem sie geworden ist
ein Körper also,
dessen Anblick tröstlich ist, der Anblick
einer Frau (die das Mädchenhafte hinter sich ließ)
einer Frau mit beiden Beinen im Leben stehend
einer Frau, die sich in ihrer Jugend für ihren Körper schämte
    und sich operieren ließ
einer Frau, die sich den gesellschaftlichen Vorstellungen
    nicht entziehen konnte
einer Frau, die sich fragt:

was werden die letzten Worte sein,
    die wir uns vor dem Verabschieden sagen,
mit welchen Worten werden wir gehen?

V.
du legst mir deinen Finger auf den Mund,
schüttelst den Kopf:
ich solle nicht mehr weiterreden

es wird still um uns herum
nur noch ein Blick

[...]

***ich frage mich, ob du in mir Leben gesucht hast***, in jemandem,
der sich abhetzt, der von einem Tag in den nächsten schlittert,
als wollte er jene Präsenz im Präsens ergreifen, um sich nicht
    ausgeschlossen zu fühlen. jemandem,
den die Zweifel (verpasster Chancen) plagen
im ständigen Gedanken an *fear of missing out*, aber eigentlich
    ist es nur ein stetiges Auf und Davon
von Moment zu Moment, um der Stille zu entgehen, die einen
    aufschrecken lässt, weil man sie nicht mehr erträgt.
und nun frage ich mich, ob du *das* Leben genannt hättest
ob du in diesem, das ich führe, etwas Erträgliches entdecken
    wolltest, da wir uns ab und zu überschnitten und es dir eine
    Möglichkeit versprach, dich darin zu verlieren,
vielleicht sogar Kraft zu tanken oder
jenes letzte Aufbäumen gegenüber der innerlichen Schwere, die
    einen so unerträglich übermannt, gleichzeitig hätte ich dich dort
    gewollt, in diesem Gem*einsamen*, das niemandem von uns beiden
    Ruhe versprach. es war einfach nichts mit einer Zukunft, die uns
    von außen mit solcher Zuversicht vermittelt wurde,
die wir uns erhofft und auf die wir hingearbeitet haben,
nur um dann enttäuscht zu sein

würde ich heute von so etwas wie Zukunft sprechen wollen
    und von einer Gegenwart,
die man wirklich miterlebt,
    so würde ich wohl ins Stocken geraten, denn
Leben, so wie wir es heute führen, hat wenig mit *Da*sein zu tun,
wenig mit Stillstand und der Reflexion
(alles Zyklische, das die Regeneration in sich trägt, ist abgeschafft)
das lineare Leben lässt einem wenig Hoffnung übrig,
denn sie ist in der stetigen Geschwindigkeit schon längst vergangen

und trotzdem frage ich mich, wann haben wir die Hoffnung
eingebüßt:
noch bevor *wir* überhaupt waren?
oder lassen sich doch noch weitere Schichten finden,
die wir momentan zu sehen noch nicht im Stande sind,
die aber jenen wünschenswerten Optimismus im kleinsten noch
erhalten

***es ist wieder einer dieser Tage***, an denen alles in mir hochkommt
wie ein Blick zurück muss ich alles durchgehen – du fehlst hier –
und alles erzählen,
als müsste ich beichten:

damals hätten diese Sätze meine Lippe nie überbrückt –
kein Transit, kein Pass, abgeschobene Wörter
in Einzelhaft
sie haben hier nichts verloren, sind *lost in translation*,
aber innerlich
musste ich ihnen immer wieder ein Visum ausstellen,
wie ein Unvermögen
gegenüber dem eigenen Versprechen des Schweigens

irgendwann
kommt alles ans Licht. alles, was ich dir nicht erzählt habe,
scheint mein sprachliches Unvermögen
nur zu vergrößern, ich …
schweige

*via Wi-Fi ins Nichts*

***da ist etwas in uns*** – ein gewisser Zustand, der mehr weiß als wir.
ein Zustand, der uns scheinbar immer voraus ist, er hängt uns ab
und wir sind ständig hinterher

Sie und Er, das sind laut Benjamin: *Figuren,*
*die den Wahnsinn hinter sich haben*
sie haben eins in seiner Aussage gemeinsam: die Überwindung
sie haben ihn hinter sich gelassen;

sind auch wir durch diesen Wahnsinn hindurch?
oder ist dieser Zustand, der uns scheinbar alle umhüllt,
immer noch vorhanden
dieser Blick zurück, dieser Tick kurz vor dem lichten Moment
wieder umzudrehen, nicht zu entkommen, wir wollen bleiben, wo
wir nicht zu sein haben
(wir wollen etwas füreinander
sein, das wir nicht sind)
wir wollen und sind doch dem Unwillen verfallen,
den Abstand zu verringern

***jeder hat sein eigenes Schweigen***
begleitet
von einer gewissen Bitterkeit.
lüge mich in einer Weise an, dass ich dir glaube!
denn was wir wollten,
war keine Wahrheit,
die uns zur Flucht verhilft.
es war die Lüge, die uns einte

wie dein Satz:
ein wenig verschämt gebe ich zu,
in jedem *Ver*sprechen
in jeder kleinsten Übertreibung
liegt doch auch ein wahrer Kern,
denn wir wussten schon, was uns erwartet

***selten ist das Warten tiefgreifender,***
    als wenn es um einen geliebten Menschen geht;
wir sitzen auf dem Boden der Küche, der Teppich unter uns
    wirft an einer Stelle Wellen,
wo wir bei unserem ersten Treffen Wein verschüttet haben
wir hätten viel zu erzählen,
aber wir schweigen ins dumpfe Licht
    des angrenzenden Wohnzimmers

deine Wohnung ist nicht riesig, meine ebenso wenig, aber
    wir nennen es gemütlich oder
reden es uns wenigstens schön, wir greifen
nach der Hand, die uns am nächsten, erwischen nur unsere eigene
wir verschränken sie über unseren Knien, die wir angewinkelt haben
*there will be mountains we won't move* (JB)
wir haben
es nicht hinbekommen,
werden wir uns leise denken

wir haben uns verpasst

wir, wird die Tochter sagen, erzählen
    immer nur Teile einer Geschichte,
bis wir es unserem Gegenüber nicht mehr erzählen können
und dann wünschten wir, wir hätten es getan, alles erzählt,
    offenherzig
und ohne Filter,
einfach gezeigt, wie und wer wir wirklich sind ...

***vor uns erstreckt sich eine unsanfte Weite***, ein
Schloss am tiefsten Punkt
in Mitten der Stadt, wir schweigen
in den Grund des Teiches: knowing
how to interpret the words of an empty space
nicht weil wir uns nichts mehr zu sagen hätten
oder nicht noch tausende Verabschiedungen folgen würden,
sondern weil ein jeder Abschied nur ein weiteres *Ver*sprechen wäre
gegenüber all den Wahrheiten, die unter unseren Sätzen lägen

ich bin
dir
etwas schuldig

hätte ich beginnen sollen: eine Wahrheit, ein
gebrochenes Versprechen *für immer*,
aber für immer ist
wie nie mehr,
bloß eine weitere Äußerung, die auf Dauer ihren Halt verliert,
die irgendwann porös unter dem Druck geworden ist und zerbricht

ich bin
dir
dankbar

werde ich hoffentlich sagen, für deine Nähe, jede
Berührung oder jedes Wort
der Zuneigung; doch für den Moment ist alles erstickt

vor uns erstreckt sich ein Schloss,
hinter uns die Warte, nebenan der Wind oder
das Schweigen als Sitznachbar,
das sich breitmacht, zwei Hände, die sich Stunden später
den Rücken entlangstreichen,
sich verabschieden: ich bin dir auf ewig
etwas schuldig
ich bin dir auf ewig dankbar

***manchmal spricht nicht der Wahnsinn aus uns,***
***sondern die Überzeugung,***
wir hätten alles richtig gemacht mit jedem Schritt

in den Garten, mit jedem Eintritt in die Wohnung
eröffnet sich ein anderes Ich, ein anderes Narrativ
im Zustand des Seins,
ein neuer Gedanke im Übertritt von Schwellen, ein Körper
im Grünen, ein Körper im Weiß der Wände, ein Blick
aus dem Fenster oder eine
Spiegelung (mit dem Nachsatz an sich selbst:
ob man es denn wirklich ist?)

ein wiedererstandenes Gefühl wie ein
Haus, dessen Fassade bröckelt oder dessen Ziegel schon brüchig,
Löcher aufweisen bei jedem vorübergehenden Wesen, hier
hat lange kein Geist mehr gehaust, nicht mal Gespenster
    verirren sich in die Mauern
am Wegrand, nur der Obstbaum steht noch immer knorrig,
    verwittert, vom Wind gepeitscht.
selbst die Früchte, die er manchmal noch trägt, sind herb
ein wenig wie die auffliegenden Vögel
verbittert

die Tochter wird sich erst wieder wohlfühlen, wenn sie sie selbst
    sein kann, überall-
hin, doch sie ist wie der Vogel, der es hasst,
    auf Bäumen zu hocken, ist wie der Vogel, der
es verlernt hat zu fliegen
in all der Hoffnung,
es sei alles nur eine „Phase“

*take these broken wings and learn to fly* (TB)
die Tochter sucht nach jeder Sorte von Glück,
die es ihr ermöglicht, wieder *ganz* zu sein,
wie sie ist

in aller Sicherheit, die man sich heute noch nehmen kann,
will man sagen, dass LIEBE
    das größte Versprechen an die Zukunft ist
nicht die Angst und die ständige Furcht vor Verletzungen.
wir sind uns nahe, jedenfalls ich (so wünsche ich es mir)
bin es dir, selbst wenn kein Brief, keine Zeile, kein Wort
dich mehr erreicht

das sprachliche Bild: zweier emotional verstrickter Menschen

ist als ein plötzliches Auftreten
    wünschenswerter Geschehnisse zu verstehen
ein Bild, das mit Sicherheit an manchen Stellen unscharf bleibt
    und mit Worten unerreichbar,
doch ist es keine Perfektion, die dieser Text anzustreben versucht,
    sondern dem Gefühl, es noch einmal versucht zu haben,
    gerecht zu werden
und der Tochter die letzte Umarmung zu erweisen.

es ist mein Versprechen an die gemeinsame Zeit

diese Linie setzt die Grenze zwischen Vorher und Nachher

## Quellen


***Bücher & Online-Quellen:***

Edward Albee: *Wer hat Angst vor Virginia Woolf?*. Programmheft, Regie: Jürgen Gosch, Premiere am 18.11.2004 im Deutschen Theater Berlin.

Hannah Arendt: *Vita activa oder vom tätigen Leben*. München: Piper, 2020.

Gaston Bachelard: *Poetik des Raums*. München: Carl Hanser Verlag, 1960.

Ingeborg Bachmann: *Das dreißigste Jahr*. München: Piper, 1961.

Ingeborg Bachmann: *Gedichte, Erzählungen, Hörspiel, Essays*. München: Piper, 1964.

Ingeborg Bachmann, Max Frisch: *Wir haben es nicht gut gemacht – Briefwechsel*. München: Piper, Berlin: Suhrkamp, 2023.

Roland Barthes: *Fragmente einer Sprache der Liebe*. Frankfurt am Main: Suhrkamp, 2021.

Walter Benjamin: *Illuminationen. Ausgewählte Schriften 1*. Frankfurt am Main: Suhrkamp, 1977.

Renate Bertelsmann: AMO ERGO SUM, Klagenfurt: Ritter Verlag, 1990.

Jacques Derrida: *Glas*. München: Wilhelm Fink Verlag, 2006.

Tove Ditlevson: *Kindheit*. Berlin: Aufbau-Verlag, 2021.

Didier Éribon: *Rückkehr nach Reims*. Berlin: Suhrkamp, 2016.

Erich Fromm: *Die Kunst des Liebens*. Zürich: Manesse, 2016.

Johann Wolfgang Goethe: Brief an Ernst Wolfgang Behrisch (am 10. November 1767), aus: *Goethes Werke*. Weimarer Ausgabe, IV. Abteilung, Bd. 1, einsehbar unter http://www.zeno.org/Literatur/M/Goethe,+Johann+Wolfgang/Briefe/1767#google_vignette.

Eva Illouz: *Der Konsum der Romantik*. Frankfurt am Main: Suhrkamp, 2007.

Franz Kafka: *Briefe 1900–1912*. Frankfurt am Main: S. Fischer, 1999.

Hertha Kräftner: *Kühle Sterne*. Frankfurt am Main: Suhrkamp, 2001.
Olga Martynova: *Gespräch über die Trauer*. Frankfurt am Main: S. Fischer, 2023.
Anna Ospelt: *Frühe Pflanzung*. Zürich: Limmat Verlag, 2023.
Sylvia Plath: *Der Koloss*. Berlin: Suhrkamp, 2013.
Paul Ricoeur: *Wege der Anerkennung*. Frankfurt am Main: Suhrkamp, 2006.
Elaine Scarry: *Der Körper im Schmerz*. Frankfurt am Main: S. Fischer, 1992.
Susan Sontag: *Alice im Bett*. Frankfurt am Main: Verlag der Autoren, 1991.
Marija Stepanova: *Mädchen ohne Kleider*. Berlin: Suhrkamp, 2022.
Simone Weil: *Oeuvres*. Paris: Gallimard, 1999.
Tennessee Williams: *Endstation Sehnsucht*. Frankfurt am Main: S. Fischer, 2008.
Slavoj Žižek: *Love as a political Category*. Cinema Europa: 6th Subversive Festival, 2013.
Stefan Zweig: *Verwirrung der Gefühle*. Stuttgart: Philipp Reclam, 2017.

***Einzelne Gedichte:***

Lubi Barre: *Goodbye* auf https://www.lyrikline.org/de/gedichte/goodbye-15931?showmodal=de
Hélène Monette: *Après la foudre la ruche* auf https://www.lyrikline.org/de/gedichte/apres-la-foudre-la-ruche-6300
Anne Sexton: *In celebration of my uterus* auf https://www.poetryfoundation.org/poems/42573/in-celebration-of-my-uterus

***Filmzitate:***

Roland Emmerich: *The Patriot*. Columbia Pictures, 2000.
Priscilla Pizzato: *Bonjour tristesse – Kult und Skandal*. arte, 2022.

## Abkürzungen

HA – Hannah Arendt

BSD – Black Sea Dahu

JB – James Blake

C – Cher

JD – John Donne

H – HAERTS

DH – Donny Hathaway

LLH – Lianne La Havas

EJ – Elton John

HK – Hertha Kräftner

HM – Hélène Monette

JFAO – José Francisco Agüera Oliver

FP – Frieda Paris

SP – Sylvia Plath

OS – Olivia Scarr

BDS – Baruch de Spinoza

TB – The Beatles

TS – The Smiths

TW – Tennessee Williams

**Bettina Balàka**
Der Zauberer vom Cobenzl
Roman
248 Seiten, gebunden
ISBN 978-3-7099-8207-5

**Zwei Frauen, eine spricht die Sprache der Musik, die andere die der Wissenschaft.**

Die Schwestern Hermine und Ottone stehen ihrem von Wissensdrang und Wahn getriebenen Vater entgegen: Carl Ludwig Freiherr von Reichenbach. Er, der einst erfolgreiche Industrielle, ist auf der Suche nach der Bestätigung seiner neuesten These, der Existenz von „Od". Eine Kraft, die wie ein Feuerschein aus allen Dingen und Lebewesen strömt – doch sehen kann sie kaum jemand. Begabt und hochgebildet leben die Schwestern im goldenen Käfig, doch die Revolution, die Europa erschüttert, rüttelt auch sie wach. Als sie sich verlieben, sucht der Vater ihre Heirat zu verhindern, und im Schloss Cobenzl spitzt sich die Lage immer weiter zu ... Doch welche Möglichkeiten hat man als Frau des 19. Jahrhunderts wirklich?

*„Ein faszinierender Roman voller Magie und Wissenschaft, der dank der lebendigen Figurenzeichnung Geschichte greifbar macht."*
ORF, Sandra Krieger

**David Fuchs**
Zwischen Mauern
Roman
224 Seiten, gebunden
ISBN 978-3-7099-8203-7

**Muss man einem Menschen am Ende seines Lebens die Hand halten, auch wenn er es nicht verdient?**

Meta ist auf der Suche nach Sinn. Als ehrenamtliche Mitarbeiterin verschlägt es sie in ein Pflegeheim, das die besten Zeiten hinter sich hat. Dort soll sie ihre Nächte neben dem Patienten T. verbringen. Denn: Herr T. schreit, sobald es dunkel wird. Er schreit, wenn er allein ist. Als Meta mehr über ihn erfährt – mehr, als sie hätte wissen wollen –, muss sie eine Entscheidung treffen: Soll sie im Heim bleiben und helfen oder gehen und nicht mehr zurückkommen?

David Fuchs schreibt eindrucksvoll und einfühlsam über die Komplexität von Fürsorge, über Achtung, Mitleid und Menschlichkeit.

**Angelika Rainer**
Zweckbau für Ziegen
88 Seiten, gebunden mit Schutzumschlag
ISBN 978-3-7099-8208-2

**Poesie als Dach über dem Kopf**

„Die Erde schwebt frei im Raum. Das muss man sich zuerst einmal vorstellen, dann ertragen können." Damit werden wir unentwegt konfrontiert. Und wir: haben Angst. Angst, runterzufallen. Aber was dagegen tun? Sind wir doch auf das Engste in ihr verwurzelt. Stets in der Abwägung, loszulassen und gleichzeitig: nicht loszulassen. Während der Wind die Steine aus der Erde reißt, die Sterne sich verirren, der Mond sich auf den Kopf stellt, die Arbeit des ganzen Tages zu Frost wird, suchen wir. Nach etwas, das den Namen „Zuhause" verdient hat. Etwas, das uns die Angst nimmt. Ein Ort, an dem die Wände trocken bleiben, die Erinnerungen mehr als verlorene Notizen in alten Mänteln sind, wo der Schlaf nicht gestört wird, ängstliche Herzen sicher sind und Gefühl und Gedanke sich frei entfalten können.

*„Es war eine Ziege, die als erstes ungeflügeltes Lebewesen in den Himmel auffuhr. Eine Ente und ein Huhn waren auch dabei, wahrscheinlich der Geselligkeit wegen. Es war nie der Ziege Absicht gewesen, in den Himmel aufzufahren. Diese Gunst wurde ihr zuteil, weil der Mensch die Angst vor dem Himmel noch nicht bezwungen hatte."*

**Christl MTH.**
Ich glaub ich hasse mich
128 Seiten, gebunden
ISBN 978-3-7099-8211-2

**Wie konnte ich zu einem Menschen werden?**

Christl MTH. geht der Frage auf den Grund, was geschieht, wenn wir uns zurückziehen müssen in einen Kokon aus Watte, der uns taub macht. Wie schaffen wir es, uns zurückzukämpfen, damit die Vergangenheit nicht mehr unser Jetzt beherrscht, unsere Zukunft vorgibt? Wer sind wir, wenn sie keinen Raum mehr einnimmt? Wenn der Raum gefüllt ist von Wut und Liebe, Zerbrechlichkeit und Stärke, Verzweiflung und Hoffnung auf bessere Zeiten?

Die Autor:in gestaltet ein Zimmer ganz für sich allein und doch für alle, die es brauchen.
Die lyrischen Texte prangern an, verzichten auf Beschönigung, sind dennoch empathisch, verletzlich. Auf eindringliche Weise erzählt die Autor:in die Geschichte einer Kindheit, die einzigartig und gleichzeitig die von vielen ist; sie erzählt von einer stückchenweisen Zusammensetzung des Ichs, von einer feministischen Auferstehung, die individuell sein mag, aber niemals losgelöst werden kann von der Gesellschaft, von dem System, in dem wir leben. Selbst gefertigte Illustrationen und eigene Songtexte machen die Wandelbarkeit der Künstler:in und den Ausdruck ihrer Kreativität in verschiedenen Medien deutlich.

**Klaus Merz**
Noch Licht im Haus
Gedichte & Kurze Geschichten
112 Seiten, gebunden
ISBN 978-3-7099-8209-9

**„Zwischen Sehnsucht und Erinnerung das zarte Grau des brachen Tages."**

Gedichte und Geschichten, die einfangen, was im Innersten bewegt, die dort anknüpfen, wo wir uns verloren fühlen, die auffangen im Jetzt Es sind nicht nur die Worte, die widerhallen, sondern die Räume, die sich dazwischen auftun. Räume, in denen sich Lebensgeschichten entwickeln, Räume, die sich mit Klang und Farbe füllen, in denen sich die Gedanken auf die Reise begeben und wieder zu sich zurückkehren. Dabei nimmt Klaus Merz die Wörter stets beim Wort. Er verzichtet auf alles überflüssige Beiwerk und verschafft der Sprache so den Spielraum, sich zu entfalten.

Klaus Merz über Erinnerung, das Flirren der Zukunft, den Moment „Noch Licht im Haus" bündelt die ganze Vielfalt des poetischen Werks von Klaus Merz: das vermeintlich Beiläufige, dem er neue Tiefe und Weite abgewinnt; unscheinbare Momente, in denen sich Türen zur Erinnerung auftun; der Dialog mit Musik und bildender Kunst, den er weiterführt. Neben die Gedichte dieses Bandes stellt Klaus Merz kurze Geschichten, poetische Miniaturen, die in wenigen Zeilen ganze Romane erzählen.

*„So spielerisch genau kann die Kunst kleiner Form werden, wenn ein Könner wie Merz seine Fantasie auf ein Minimum an Worten verpflichtet."*
Thomas Poiss, Frankfurter Allgemeine Zeitung

Gedruckt mit freundlicher Unterstützung
durch das Land Burgenland sowie die Stadt Wien.

Auflage:
4 3 2 1
2027 2026 2025 2024



HAYMON verlag

Innsbruck-Wien
www.haymonverlag.at



ISBN 978-3-7099-8225-9

Lektorat und Projektleitung: Haymon Verlag / Judith Sallinger, Ilona Mader
Buchinnengestaltung nach Entwürfen von: himmel. Studio für Design und Kommunikation, Innsbruck / Scheffau – www.himmel.co.at
Satz: Karin Berner
Umschlaggestaltung: Bora Chinwude
Umschlagabbildung: Bora Chinwude, „No. 4 – Ganz nah“, 2023

Gedruckt auf umweltfreundlichem, chlor- und säurefrei gebleichtem Papier.